アフリカなんて二度と行くか！ ボケ!!

……でも、愛してる（涙）。

さくら 剛

幻冬舎文庫

アフリカなんて二度と行くか！　ボケ!!

……でも、愛してる（涙）。

目次

はじめに

長江の流れは遥か4000年の歴史を刻み、過去から未来へと続いてゆく。

人々が集まる町、生命を呑《の》み込む砂漠、風の駆け抜ける峡谷。黄砂は海を越え、何にも遮られることなく吹き荒れる。

時を遡《さかのぼ》れば、無限に広がるかのような漢の大地を駆け巡る、幾多の群雄たち。ああ中国、中国中国、おお中国（字余り）。


中国を歩きたい。その大きさ、歴史を自分の肌で感じたい。

子供の頃から、映像の中、歴史小説の中の中国を見るたびに隣国への憧れは強くなり、いつしか僕は自分の足で中華の大地を踏むことを夢見るようになっていました。

そんな折、あることがきっかけで僕は中国へ旅をする決意を固めました。長く抱いていた熱い気持ちが、遂に現実となる時が来たのです。僕は彼《か》の地にいる自分の姿を想像しただけで、言葉にできない高揚感に包まれました。

しかしそこで僕は考えました。

憧れの地に簡単に着いてしまうというのは、果たして良いことでしょうか？　周囲の反対があればあるほど若い2人の愛の炎が燃え上がるように、むしろその道のりに多少の困難があった方が、到達の感動は増すのではないでしょうか。

僕だって、激しい愛の炎を持つ人間の1人です。僕は、直接中国へ行くのではなく、少し離れた場所から中国を目指すことにしました。

少し遠くから、もう少し遠くから。この旅を達成感溢《あふ》れるものにするように、僕はスタート地点を選びました。

そして時は過ぎ……。

数カ月後。

オレは巨大なバックパックを背負い、

アフリカ大陸をじりじりと北上していた。

ちなみに、
旅を開始して1週間で泥棒に全財産盗まれました。
いやあ、やっぱり旅は楽しいなあ。

…………。

どいつもこいつもふざけんじゃねえボケがっっっ（涙）!!!!!!

金をっ、オレの金を返せテメーっ!!!

だいたいなんで中国に行くのにアフリカからスタートしなけりゃいけないんだよっっ!!　人類の進化の歴史かよオレはっ!!!

おまえら誰も彼も死ねっっっ（不特定多数に対して）!!!

※文中不適切な発言がありましたことをお詫び申し上げます。

うーむ。

果たして中国へ着くのは**何年後になるんだろうか**。いや、何年後というか、そもそも**生きて辿《たど》り着けるのだろうか（号泣）**。

最初は隣の国あたりから中国を目指そうとしていた。

だが世界地図を眺め「少し遠く」「も少し遠く」と辿っていくうちに、いつの間にやら**陸続きで地球上で最も遠い場所、**南アフリカ共和国を出発地点にしてしまったのである。

……しょうがないじゃないか。地図を見ているだけだったらそんな遠くない気がしたんだよ。**地図帳ではアフリカから中国までほんの2ページ分だったんだよ!! 普通に考えたら2ページ分なんて1泊2日で行けそうじゃないか!!! 急行とか使えば!!!**

しかし、旅は始まってしまったのである。もはや進む以外に道はない。日本に帰ろうにも、**その日本なるものがあるのは中国よりも先なのである。**

この本では、**インターネットとテレビとプレステがあれば友達などいらない**という輝かしい人生のポリシーを持つ半引きこもりが、**アフリカを縦断しアジアを横断して中国まで辿り着けるか**という無残な実験の結果について、検証と報告ができたらと思う。

大丈夫さ。大げさに聞こえるが、所詮《しょせん》この旅は**少し長めの中国旅行**なんだ。500泊510日くらいの日程の、ただの、**ちょっと長いけどごく普通の観光旅行なんだ(号泣)。辛《つら》いことなんて、あるわけないさ。**

見てろよオラっ！行ってやるぞエーコラテメーっ!!
たとえこの身は朽ちようとも、魂だけでも中国へ辿り着いてやるからな!! たとえ魂も朽ちようとも、来世できっと辿り着いてやるからなっ(号泣)!!!
中国
アフリカ

うるわしい高貴なご婦人のものと思われる頭蓋骨。

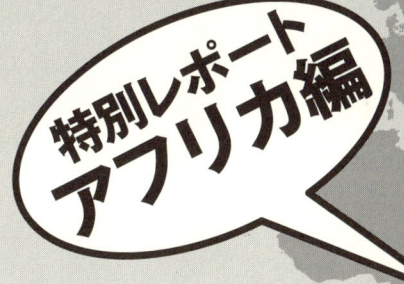

特別レポート アフリカ編

この旅のスタート地点はアフリカです。

普段テレビなどでアフリカを目にする機会というのは決して少なくなく、「なんとなくアフリカってこんな感じ」というイメージはみなさんも持っていることと思います。ただ、さらに一歩踏み込んだ知識となると、なかなか学ぶチャンスがないのではないでしょうか。

そのため、もしかしたらアフリカがどこにあるのかわからなかったり、アフリカなんていう言葉は生まれてから一度も聞いたことがない！　なんて言う人もいるかもしれません。そんなアフリカの誤解を解くには、やはり実際アフリカを知るしかないでしょう。

今回僕がアフリカを旅して思ったのは、「アフリカも日本も、たいして変わらないものだなあ」ということです。そうです。アフリカに対して未開で野蛮なイメージを持つ人がいるかもしれませんが、結局人間が住むところ、そう極端な違いなんてないのです。

実際、以下に紹介する写真を見たら、アフリカだと言われなければみなさんは日本の風景だと思ってしまうかもしれません。

ただし、日本と同じような景色の中にもやはり少しの違いというのはあるもので、写真からはわからないその違いについては、今回僕がいくつかコメントとして述べさせていただこうと思います。

それでは早速見ていくことにしましょう。

まず、駅前の風景。

駅のあるところには人が集まり、店が建ち、商店街ができます。駅前には路上駐車などのトラブルはつきものですが、駅の周辺、駅前商店街というのは「町で一番活気があるところ」という言い方ができるのではないでしょうか。ただ……

アフリカが日本の駅前商店街と少し違うところ

・商店がない

・路上駐車の持ち主が現れそうもない

・ヌビア砂漠だ

では次に、若者の行動について見てみましょう。

日本では若者の素行というのは常に問題にされてきました。中でも昔から長い間問題となっているものに、暴走族があります。

↑日本とあまり変わらないアフリカの駅前商店街

彼らは騒音を撒き散らすばかりか、注意した大人を武器を持って取り囲んだりします。これは日本だけが抱える問題ではありません。ただ……アフリカが日本の族と少し違うところ

・実際に猛獣と戦っているため、根性が半端じゃない
・いくつになっても卒業しない
・マサイ族だ

最後に、町に住む動物について紹介します。アフリカというと、ゾウやキリン、ヘビなど、日本にいないような特殊な動物を思い浮かべる人が多いかもしれません。やはりそれも偏見で、実際によく見る動物は、日本と同じく犬や猫がほとんどです。日本では都会でも田舎でもどこに行ってもノラ猫がうろついていますが、やはりアフリ

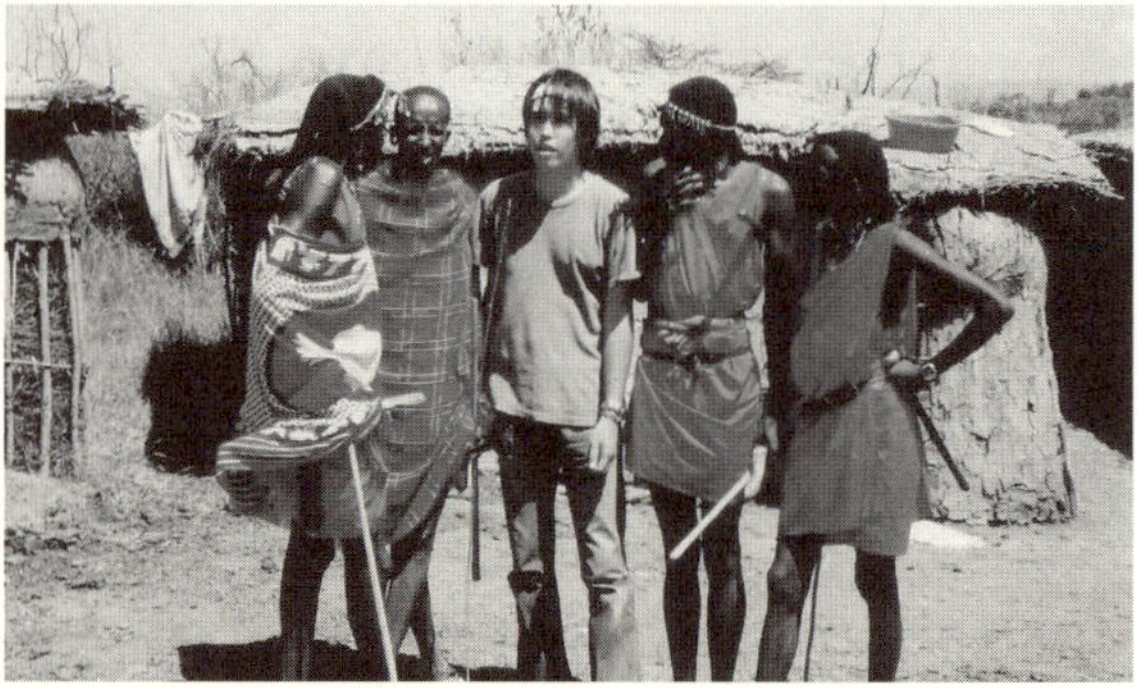

↑アフリカで武器を持った族に囲まれる少年

カにも同じようにノラ猫がいます。ただ……アフリカが日本のノラ猫と少し違うところ

・体長が2m以上だ
・鳴き声が「ニャー」ではなく「ガオー」だ
・猫パンチを喰らうと頭蓋骨が砕ける

……どうですか？

おそらくこれで、みなさんにもアフリカというのは日本とあまり変わらない場所なんだということを、わかっていただけたでしょう。

…………。

わかるわけねーだろっ!!!!

↑アフリカのかわいいノラ猫

引きこもり最高！

ぼくと一緒に夕ご飯を食べてくれるのは、同居している
2匹のエルモだけです。

エアコンの調節は難しい。特に寝る時だ。

オレは幼少時代からそのあまりのかわいさに、女の子のように蝶よ花よミツバチよと大切に育てられたため、寒いとすぐ体調をくずしてしまう。

だからといって、少しでも「暑い」と感じるような室温では寝ることなんてできない。決して寒くなく、また暑くなく、オレの体に最も合った温度でなければ許せない。汗をかくなんて絶対あり得ないから。

トイレは常に完璧《かんぺき》に掃除されてないと嫌だね。駅のトイレとか、なにあれ？　ちょっと床が濡《ぬ》れてるだけでも気分悪くなるんだよね。汚いトイレなんか使う気まったくないから。まだ家まで我慢した方がマシだよ。わかる？

メシもやっぱ清潔なところでないと食う気がしないね。レストランに行っても、ハエなんて飛んでたら一瞬で食欲なくなるから。ましてや髪の毛なんか入ってた日にはすぐ店長呼び出しね。作り直させた上に料金はタダにしてもらうよ。そんなの当たり前だから。バカじゃないの？　あんた？

休日は家から1歩も出ずにゲームかインターネットだね。大体せっかくの休みに喜んで太陽の下に出て行く奴の気が知れないんだよ。日光なんて気持ち悪いもん浴びてさあ。

そんなことより、昼間からカーテン閉め切ってプレステやったり、ネットでグラビア画像でも集めてる方がずっと人間らしい生活だと思うんだよね、オレは。

ナポレオンは「余の辞書に不可能という文字はない」と言ったことで有名だが、**オレの辞書に「アウトドア」という文字はない。**25歳を迎えるまで海外どころか河原へのキャンプさえ行ったことのない人間だ。だいたい、**どこに一緒に行く友達がいるんだよ!!　友達を連れて来いよっ!!　そんなふうに言うんだったら!!!**

一応中程度の引きこもりなので生活が切迫してきたら仕事をしだす時もあるが、休日はどこへも行かずただひたすらテレビゲームだ。どうしてゲームばかりやっているのという質問は、登山家に「なぜ山に登るのか？」と聞くような愚問である。**そこにゲームがあるからだ。**

いい大人なんだから引きこもってばかりいないで外に出ろよと諭す奴は、オレのことを全く理解していない。考えてみろよ。オレからゲームとパソコンを取ったら一体何が残る？**何も残らないだろうがっ!!　ゲームをやらないオレなんて、火を消さない消防車のようなもんなんだよ!!　ひき逃げする救急車のようなもんなんだよっ（さらにパワーアップ）!!!**

そんなオレも、2年前、萌え系彼女にフラれ精神に異常をきたし、突然インドへ出かけた。雄大なインドの地で、自由奔放に生きるインド人と触れ合い**座右の銘が「皆殺し」になったオレだったが、**しかし彼らはオレに、前向きに生きることの大切さ、他人の目を恐れない大胆さを教えてくれた。

帰国後、オレは彼らに教わったことを決して忘れず、三國無双やニンテンドーDSなどの**新しいジャンルのゲームに前向きに挑戦し、今まで以上に他人の目を一切気にせず、ひたすら部屋にこもってゲームをやり続けた。**この成長ぶりを見る限りでは、インド行きは正解だったといえよう。

さて、インドから帰って数カ月後。オレは、再び以前の彼女にお熱であった。

え？　彼女にはとっくにフラれたんじゃないかって？

ああそうさ。振られたさ。**メールも受信拒否されたさ。**

だがなあ、**受信拒否ごときでおめおめと引き下がるオレじゃないんだよ!!　オレを以前のオレだと思うな!　人間は成長する生き物だろうよ!!　ミス慶應だって2年も経《た》てば女子アナに進化するだろうがっ!!!**

メールの受信拒否など、新しいメールアドレスを作り「久しぶり！　元気？　**そうそう、**オレのメールこのアドレスに変更したから。よろしくね！」と、**何事もなかったかのように「アドレス変更のお知らせ」を送れば打開できるのである。**

なぜかオレは再び彼女と急接近し、恋心は再び**火焔山やアニマル浜口よりも激しく燃え上がることになった。**オレと彼女の関係はあくまで一休さんとさよちゃんを思わせるプラトニックな関係であったが、純愛というのはそういうものだ。

彼女と一緒になれるのなら、夢の5つや6つ喜んでくれてやろう。佐藤寛子のグラビア画像もくれてやろう（3枚まで）。ドラクエVもくれてやろう（スーファミ版のみ。プレステ版は不可）。**それくらい、オレは彼女のことが好きだった。**

さて、もうそろそろプロポーズの言葉を考えようかなと、本気で思い始めていたある秋の日。コンビニの買出しから帰って受信トレイを見ると、彼女からのメールだ。今日の話題はなんだろう。またおもしろい絵文字でも見つけたのかな？　んフフ〜ん（恋のワクワク）♪

オレの書いたものに「Re:」がついただけの**心のこもっていない件名のメール**を開くと、そこには「来週から中国に留学することにしました。これからは連絡を取るのは難しくなりますが、**さくらさんもお元気で**」と**敬語でのメッセージ**が入っていた（昨日まで頻繁に使われていた絵文字**一切なし**)。

……………。

そしてオレは、**自暴自棄になった。**

おおおのれ〜〜〜。中国が、**中国がなんぼのもんじゃ〜っ!!** そんなもんなあ、中国なんてなあ、**オレだって目をつぶってでも行けるんだよっ!!!**

くそ、行ってやる。

中国まで会いに行ってやるぞ!!　つまらないね。ただ行くだけじゃつまらないね!!　遠くから行ってやろうじゃねーか!!　どこからでも行ってやらあおおあああっっ!!

………。

そして。

我に返り、自分のしたことの愚かさに気づいたのは、出発の１週間前、自宅に**南アフリカ共和国行きの航空券**が届いた時であった。

……バカだろ？　おまえ？

いくら自暴自棄になっていたとはいえ、**もう少し冷静な自暴自棄にはなれなかったのか？**　オレの知る限り、**多分中国はアフリカ大陸にはないぞ（涙）**。

アフリカでも引きこもりは可能なの？
ケニアにエアコンはついてるの？
エチオピアに快適なシャワーはあるの？
ジンバブエに清潔なトイレはあるの？
マラウィにこぎれいなレストランはあるの？　**っていうかマラウィってなんやねん!!　国かよ！　そんな国知らんわっ!!!**

そして出発日は迫ってきた。

オレはアパートを引き払い、**医学の勉強のために購入したグラビア雑誌やエロ本の山**は友人宛に郵送した。……待ってろよおまえら。生きて、**必ず生きて迎えに来てやるぜ（涙）**。

人間の友達がほとんどいない分、愛玩動物と戯れる傾向があるオレは、念のために狂犬病の予防接種も受けた。なにしろ狂犬病というのは犬だけでなく、ネコや猿など他の動物に噛《か》まれても感染する場合があるということなのだ。しかし大枚はたいて予防注射を打ったからにはもう安心。**どうだ！　これでたとえアフリカでライオンや毒蛇に噛まれても狂犬病にかかる心配はないぜ‼**

丁度その時開催された以前の職場の飲み会で、オレは自分の決意を同僚に話した。心配する仲間が少しずつ出してくれたカンパで、困った時にはパンと水を買おう。でも、本当に困るまで、それまでは決して使わないで取っておくんだ。大事な友人のお金を、そう簡単に使うわけにはいかないんだ。という意気込みで飲み会に臨んだが、**1円たりともくれる奴はいなかった。**

オレに声をかけてくれたのはただ1人、意外にもあまり喋ったことのない後輩の女の子だった。彼女は、オレに優しく言った。

「ねえ、ライオンにまたたびを与えたら喜ぶかどうか実験してきて！」

……もう誰も信じない。

成田空港は賑《にぎ》わっていた。ツアー旅行の団体、若いカップルやお友達グループ、海外出張のビジネスマン。しかし、**オレほど行きたくないと思っている人間が他にいようか。**

だいたいオレのように自宅とコンビニ時々職場を往復するだけの人間は、駅前の美容院ですら外国なのだ。**美容師とは会話が通じず置いてある雑誌の意味はわからず。**成田空港などという未知の世界に来るということだけで、オレにとっては**一般人がアフリカに行くくらいの大冒険**である。ここで帰ったとしても、誰もオレを責められないはずだ。

考えてもみてくれ。もしあなたが明日からアフリカ大陸を縦断することになったら、どんな気持ちになる？……そう、そんなこと**絶対にあり得ない**ので、具体的には何も考えられないだろう。

オレだって考えられないんだよ!! あり得ない!! オレの方がもっとあり得ないんだよっっ!!! 誰がアフリカなんか行くかっっ!!! ああ〜いやだ〜〜〜（号泣）。

この漂う死相。この絶望感。とうの昔に平静を失っていたオレは、もはや制服姿のグランドホステスに興奮することすら忘れていた。……情けない。いったい何のために成田くんだりまでやって来たというのだ。制服姿の女子をみすみす見過ごすくらいなら、**オタクなんてやめちまえっ!!!**

出国の手続きは、実にあっさり終わった。パスポートチェックでは何も言われずただ出国印を押されただけだ。……なんという冷たい職員たちなんだ。あんたら、本当にオレを1人で行かせようって言うのか??　**「バカヤロウ！　なんでそんな無茶をしようとしてるんだ!!」と止めるのが大人としての役割じゃないのかよ!!**

日本も変わっちまったよな……。戦後の混乱から抜け出し先進国の仲間入りを果たそうと必死で働く中で、みんな大事なことを忘れてしまったんだ。

アフリカの最南端ケープタウンまでは、乗り継ぎを含め**30時間**である。東京からロサンゼルスまで12時間だというのに、30時間とは**一体どこまで飛んで行くのか。**南アフリカというのは、**少なくとも月よりは遠くにあるのだろう。**

機内では、まずガイドブックを読みアフリカについて予習することにした。どれどれ……。

『アフリカを旅行する場合、黄熱病、マラリア、コレラ、チフス、赤痢、A型・B型肝炎、破傷風、狂犬病など、様々な感染症や伝染病に罹る可能性があります。これらの病気は不衛生な環境や野生動物から感染することが多く、蚊などを媒介してウィルスが……』

バタッ（見なかったことにして本を閉じた音）

フンフ〜ン♪　フンフンフ〜ン（陽気に）♪

まったく、**なに言っちゃってんの？**30年前ならいざ知らず、今時不衛生な環境なんてあるわけないじゃん。**あの中国ですら、下水から食用油を作る時には何度も何

度もろ過をしてキレイにする時代なんだよ今は？ しかも**野生動物って今時！何言ってんのあんた？　アフリカじゃないんだから。**信じないよこんなの。

寝たり起きたりスッチーの制服の透視にトライしたりしているうちに、日本を発ってから**20時間**が経った。現在地を示すモニタには既にアフリカ大陸がアップになっている。あっ、この形、世界地図で見たことある！　アフリカでしょこれ？　知ってる知ってる。**行きたいとは思わないけど（号泣）**。

まさかアフリカ大陸の地図と自分が重なる瞬間がこようとは夢にも思わなかった。このまま上空で**木っ端微塵《みじん》にならない限り**、あと数時間で本当にアフリカに着いてしまう。うーん、辛い旅が始まってしまうのと、木っ端微塵になるのとどっちがいいんだろう。**悩むところだ。**まあジャングルに放り出されたら大蛇に呑まれたり首狩り族に狩られたりしそうなので、**不時着だけは勘弁してほしいものである。**

さて、予習の第2弾として、オレはプリントアウトしてきた在南アフリカ日本大使館のホームページを読むことにした。まあ心配ないとは思うが、一応治安情報なども確認しておくことにしよう。

ふむふむ……。

「犯罪、特に凶悪犯罪の発生率が高く、殺人、強盗、強姦、強盗殺人など時間、場所を問わず発生しています」
「電車、バス、ミニバス等公共交通機関（特に駅周辺やターミナル付近は危険）は日中でも強盗に襲われる可能性がありますので、可能な限り利用を避けて下さい」
「覆面パトカーの停車指示は強盗の可能性があります」
「ショッピングセンター内は一応安心ですが、破裂音を聞いた場合は銃声と考え、直ちに姿勢を低くし回避の姿勢をとって下さい」
「犯人に襲われた場合は、出来るだけ落ち着き、所持品等には固執せず、命を守ることに専念して下さい」

ははっ！　なるほどねー。

…………。

おいっ!!
どこの北斗の拳の舞台なんだよ!!!!

「命を守ることに専念して下さい」って、**そんな旅行者に対するコメントがあるか!!** 他にも守るべき大事なものは色々あるだろうがっ! 貞操とかネチケットとか!

ちいとも知らんかったが、南アフリカ共和国は、戦争中の国を除いて**世界一治安が悪い国**だそうなのである。中でもヨハネスブルグという街は、中心部を30m歩けば必ず1回は切りつけられるという、**極悪同盟のダンプ松本とブル中野がマナカナに見えてしまう**くらい極悪で凶悪な都市なのだそうだ。うーむ。南アフリカの街を貴重品の詰まったリュックを担いで歩くくらいなら、**バトルロワイアルに参加する方がまだ安全なような気がする。**

とりあえず、南アフリカは可能な限り全力の早さで抜けることにしよう。そもそもオレは**中国旅行**に来ているのだ(そうだった)。それを考えればアフリカなんて重要ではないおまけの中のおまけ、**忘年会での社長の話**みたいなものである。おまけの観光なんかすぐ済ませて、アフリカ大陸は根性なしの女郎よりも早く足抜けしてやる。

まあきっと辛いことばかりではない、いいことだってあるだろう。いくらなんでも大陸を股にかけた旅を終えれば、**オレもたくましいアウトドア派の人間になれるはず。**休日はサーフィンやフットサルに出かけ、夜は友人たちを自宅に呼んで**チーズフォンデュ**

で盛り上がり、いつしか**マネージャーといい雰囲気になって交際を始め**、フットサル仲間からは「おまえらいつの間にそんな関係になってたんだよ～！」とからかわれるのだ。

そうだ。モテモテだ**……モテモテなんだ!!**

そんな素敵な期待に胸膨らんでCカップくらいまでたわわに成長したオレを乗せた飛行機は、いよいよ目的地を捉《とら》え下降し始めた。

よーし。いよいよだぜ。

…………。

よせ～っ（涙）!!　着くな！　戻ってくれ!!　引き返してくれっ！

ハワイのヌーディストビーチまで引き返してくれ～っ（号泣）!!

ぐおお～行きたくない～～～。たくましくなんてならなくていいから、**プレステをやらせてください。インターネットをやらせてください（涙）。いやなんです。外に出るのが嫌いなんです（号泣）**。

そんな魂の叫びもとうとう冷酷な極悪機長の心には届かず、オレは遂にケープタウン国際空港に、**アフリカに**到着してしまったのである。

史上最凶の国

なぜ南アフリカにペンギンが？　と思ったら彼もアフリカから北極を目指す１人旅の途中らしい。

空港からケープタウンの宿へ向かうミニバスの中で、オレの心臓のドキドキは止まらなかった。なにしろ**石を投げれば殺人犯に当たる**というあの噂《うわさ》の南アフリカ共和国なのだ。成田空港でさえ遠い外国に感じるオレには、このアフリカ最南端の本当の正真正銘の筋金入りの外国は、アンドロメダ銀河や**M78星雲**ほどの宇宙の彼方である。今すぐ部屋に返してくれ。

一応この国はイギリスの植民地だったこともあり、モダンな建物が並ぶ街並みはヨーロッパに似て先進国風だ。しかしいくら似ていると言ってもその中身、治安の状態等、イギリスと南アフリカでは**鎌倉時代とキャバクラ時代くらい似て非なるもの**である。

なんといっても不幸の手紙の100万倍恐ろしい南アフリカの治安情報を読んでしまった今、オレには道を歩く黒人が**全員山賊に見える**。

いや、まあ必要以上にビクビクするのはやめよう。「疑心暗鬼を生ず」である。いくら犯罪が多いからって、普通の人の割合から見たら犯罪者の数なんて少ないに決まっているのだ。**せいぜい普通の人5人に対して連続殺人鬼が1人くらいの割合だろう**。そう考えると少しは気分が楽に**ならねーんだよっっ!!**　ああ、疑いすぎてそこにも暗鬼が、ここにも暗鬼がっ!!　暗鬼ばっかり!!!

30分ほどでいよいよ街の中心部、宿近くのバス停に到着。大通りを進み宿の前に立ったオレは、はたと困った。なんとドアがあるにもかかわらずその手前全面に鉄格子が立ち塞《ふさ》がっていて、体が自由に溶ける**新型ターミネータータイプの人**以外は絶対に出入りできないようになっているのだ。

この厳重な造りは一体なんなんだ？　出入り口を塞いで**客をチェックアウトさせない作戦**か？　それとも**監獄居酒屋風か**？

しかしふと周りを見ると、それは南アフリカ共和国では標準仕様だということに気がついた。立ち並ぶ家々、そしてレストランから文房具屋まですべて入り口は**鉄格子で完全防御**している。

あんたたち、いくらなんでもそんなに警戒しなくてもいいだろうに。別に凶悪犯が潜んでるわけじゃあるまいし……。はっ！

「殺人、強盗、強姦、強盗殺人など時間、場所を問わず発生しています」

強姦……。

「おーい！　誰かいませんかーっ（涙）！　入れてください！　お願い！　開け

てっ！　襲われる‼　いやあ〜〜〜〜っ‼」

こんなところで黄色い声をあげるのは、強盗さんに「ここにお手軽に襲える無防備のかわい子ちゃんがいますよ〜」と教えるようなもんだが、見つからないようにヒソヒソと**寝起きレポーターのように**叫ぶのも非常に無意味である。強盗に聞かれるのが早いか宿の人に気づかれるのが早いか、**一か八か**ということでオレは必死で叫んだ。

するすると日高のり子そっくりなこの黄色い声に萌えたのか、いつの間にか鉄格子が自動でするすると開いた。た、助かった……。

受付を済ませ、最安値をつける部屋に入ると、そこは大部屋にベッドが並ぶドミトリーであった。床にバックパックを投げ出し早速横になる。

南アフリカと日本では7時間の時差があるが、**30時間も飛行機に乗っていたら時差があろうがなかろうがボケるので、**時差ボケもクソもない。ただ**疲れた**。とはいえ、よく考えたらひと休みしている暇はない。明るいうちに食料を調達しなければならないのだ。

オレはなんとか勇気と根性を振り絞って、受付に向かった。

「すいません、この近くに安いレストランはありますか？」

「あるよ。10分くらい歩くけど、前の道を突き当たって大きな木を越えて最初の角な」

「ありがとうございます。ところで、この辺りって治安はどんなもんでしょうか」

「治安？」

「そうです。危なくないですか？」

「そんなことないよ。大丈夫だ。安心しろよ」

「よかった！　では安心します」

「あ、そうそう。ただし出歩く時は、**貴重品は絶対に身につけて行くな。後ろからつけられていないかも必ず確認しながら歩け！**」

「はい。わかりました。**……安心できないんだよっっ‼　それを治安が悪いっていうんだよ世間では!!!**」

「そうか？」


くそ～。そもそも入り口に鉄格子つけてる宿の人間に「危なくない」と言われても、全く説得力がない。常に強盗の恐怖と戦うというのがアフリカを旅する者の宿命なのか。

だいたい、貴重品を置いて出かけたらメシ代が払えないではないか。金を持たずにどうやってメシを食えというのだ。**強盗でもしろというのか？**　たしかに、自分の命を狙《ねら》う殺し屋から逃れる方法は、**逆にこちらがその殺し屋を狙うこと**だという話を聞いたことがある。つまり、強盗を避けるためには強盗を**強盗し返す**必要があるということか。**1**

00%勝ち目がないぞ。

結局、どうしても腹が減って仕方がなかったので、意を決して外に出ることにした。大丈夫さ。めざまし占いでも「うお座の人は今週強盗に遭います」なんて言ってなかったし！

しかしよく考えてみれば、たとえ貴重品を身につけていなかったとしても、強盗から見れば旅行者はみな金持ちに見えるだろう。**ラクロスのスティックを持っている女子大生がみんな美人に見えるのと同じ理論である。**反論は**認めないよ。**つまり、貴重品を持たないという作戦は、被害額を減らすためのものであって、決して**襲われる確率を下げるためのものではない**のである（泣）。

道端にはビール瓶の破片が散乱し、家は全て鉄格子で堅く閉ざされている。日本でも、夜道で後ろから見知らぬ女性が近づいてくると襲われると勘違いしダッシュで逃げてしまうほど思い込みの激しいオレは、交差点にさしかかるたびに、すぐそこの角に**連続強盗誘拐監禁殺人犯**が待ち伏せしているという幻想に襲われていた。

バタッ（道端の家の玄関が開いた音）

「ぎょえ〜〜〜っ（泣）」

ささっ（植え込みからリスが出てきた音）

「ひぇ〜〜〜っ（涙）」

ヒラヒラ（木から葉っぱが落ちた音）

このようにして、どんな状況でも理性を失わない冷静沈着な精神を持つオレは、**テレビで心霊特集を見た夜のシャンプーのように途中2000回ほど後ろを振り返りながらも、**無事ハンバーガーショップに到着したのである。

「あぎゃ〜〜〜〜っ（号泣）」

さて、いつもそうしているように1人さみしく食事を終えたオレは、とっとと宿に戻ることにした。オレのようなかわいい子猫が暗くなってから表をウロチョロしていたら、**事件発生間違いなし**である。

いそいそと宿へ向かって歩いていると、歩道に停まっていた4WDの中から黒人さんが突然声をかけてきた。

「ヘーイ！　おまえ！　ちょっとこっち来な！」

…………。

オレは、**何も聞かなかったフリをして通り過ぎようとした。**多分オレじゃないよ。彼は**オレ以外の他の誰かに対して声をかけてるんだよ。**

「ストップ！　おまえだよ！　聞こえていないフリをして歩いてるそこの東洋人のおまえ

だ！」

ズガーーン！ お、オレだ……。多分オレのことだ。

きたーーっ！　ついにきたっ！　きましたよっ!!

こ、これは一体どういう状況なんでしょうね。黒人さんがたしかにこのオレを呼んでますね。凶悪犯罪がはびこる南アフリカの道端で、現地の黒人さんが１人旅に来た日本人の少年を呼んでますね。これってなに？　いいことかなあ？　**悪いことかなあ？**

「ハ、ハーイ！　別に、聞こえないフリをしていたわけじゃないよ。ちょっと**耳の都合で**本当に聞こえなかったのさ。な、何か用？」

「おまえ中国人か？」

「あ、いえ、に、日本人です」

「そうか。旅行者か？」

「は、はい」

「ん？　おまえもしかしてオレたちを警戒してねーか？」

「**いやいやいやいやいや！**　何をおっしゃる黒人さん!!　めっそうもないです！　警戒だなんて！　あ〜安心だなあ〜（ビクビク）」

「そうビクビクするなって。オレたちはポリスだよ」

「え？　おまわりさんですか？」

「そうだよ」

「な――――んだっ!!　そうだったんですか！　ああよかった。一瞬、これで僕の幸少なき人生も終焉を告げるかと思いましたよ」

「ところでおまえ、パスポート持ってるか？」

「当局のご指導により、貴重品は全て宿に置いてきております」

「なに？　持ってないのか？」

「はい。でもホントに宿にありますよ」

「いや、怪しいなあ。最近不法入国者が多いからなあ」

「でも僕は不法ではないですもん。法を遵守していますもん」

「不法入国者だって、疑われたら全員そう言うだろうな」

「南アフリカに不法入国する日本人なんているわけないでしょ！　信用してください！　ユーシュドトラストミーです！」

「一応、調べるだけ調べさせてもらわなきゃいけないな。よし、じゃあ車に乗るんだ」

運転席にいたポリスがそう言うと、後部座席に座っていたもう1人の男が車のドアを開けた。

あー面倒くさいなあ。一体なんの取り調べなんだ。車から沿道の人々に手を振っているだけでしばしば皇室関係者と間違えられるほど上品なオレが、どっからどう見たら怪しい奴に見えるのだろうか。たしかに乗っている自転車があまりにボロいため、深夜にコンビニに行く途中**よくパトカーに追いかけられて職務質問も受けるけど**。

まあそうは言っても、不法入国者を取り締まるのもたしかにポリスの仕事である。彼らにしてみれば、ただ職務を遂行しているだけなのだろう。**たとえこの車がパトカーではなく、彼らは制服も着てないし警察手帳も見せていないとしても**。

……あれ？

じゃあオレはなんで彼らが警官だということを信じているのだろう。

……。いやだなあ。この人が自分でそう言ったんじゃないか。それで調べるから車に乗れって。

『覆面パトカーの停車指示は強盗の可能性があります』

…………。

アカン！　乗ったらアカン!!

完全な危険信号がオレの頭に灯《とも》った。いかん。この車に乗ったらいかん。**少なくともこの車に乗った後、明るい未来が待ち受けていることはないのではなかろうか！　今夜も幸せに「色黒になってモテモテのオレ」の夢を見ることはできないのではなかろうか！**

スタコラ**スタコラスタコラスタコラ！**

「オーイ！　待て！　どこへ行くんだ！」

一応後味が悪くないように苦し紛れの笑顔で「バイバーイ！」と言いつつ、**世界陸上のコーチがスカウトに来そうな猛烈なスピードの競歩**で車から遠ざかるオレ。全力で逃げながらも、何もなかったかのように顔は**無理矢理のひきつった笑顔**を作る。きっとオレの強引な笑顔を見た通りすがりの人々は、「あれ？　**なんでこんなところでエアロビ全日本選手権が開かれているんだろう？**」と思ったことであろう。

おねがい！　追いかけてこないで！　私だって辛いの。でもここで、**ここで別れるのが2人のためなのよ（泣）!!**

……そして、オレは逃げ切った。

危ない。実に危ない。オレの競歩が車より速かったわけではなく、遠くを歩く白人を見つけてにじり寄り**寄らば大樹の陰作戦**をとったのが功を奏したのだが、あそこでへらへらと車に乗っていたら今頃一体どうなっていたことか。きっと恐ろしい男たちに羽交い締めにされ……私の純潔は……**イヤーーっ!**

しかし私服で普通乗用車に乗った人間に「警察だ」と言われただけですんなり信じてしまうなんて、オレはなんて、**なんて素直でいい子なんだ**。ああ、疑うことを知らない天使のような心。でもそんな素直さは、社会に出れば欲深い大人たちに潰《つぶ》されてしまうのに。

そもそもこうして逃げ切れていることからも、奴らはニセ警官だったということがわかる。本物の警官だったら、**職務質問をしたら逃げ出した外国人を逃がすことなど絶対にないだろう**。うん。これはもう本格的に、この国は一刻も早く脱出した方がいいぞ。

翌日、オレは南の端である喜望峰へ行き旅のスタートを刻んだ後、せっせと宿のキッチンで夕食を作っていた。もはや**犬も歩けば強盗にあたる**(そして埋めてあったご馳走を全て取られる)と言われているこの国で夕食を外に食べに行くのは、**なくなったら困るか**

らとデスノートに自分の名前を書くような自殺行為である。

引きこもりなんだから料理なんてするわけない、**お母さんがドアの前に置いていった夕食をこっそり食べるだけだろう**、なんて思っている人がいるとしたらそれは偏見である。料理が上手い引きこもりだっているのだ。

今日のオレのディナーは、名付けて**トマトの塩まぶし**である。宿の隣のセブン-イレブンで買ったトマト3個を順番に丸ごとかじるのだ。塩は**そこの棚にあった。**

もちろん、**オレは料理などできない。**料理が上手い引きこもりもいるとは言ったが、**それは別にオレのことじゃない。**日本のどこかにはいるんじゃない？　料理の上手い引きこもり。栃木県あたりに。

いつもそうしているように1人さみしく食事をしていると、突然キッチンのドアが開いたと思ったら、なぜか日本語が聞こえてきた。

「あはははは！」

「うふふふふ！」

「今日はダシ入れてちゃんと作ろうね～！」

「うん。そうだね！　今日は上手にできるといいね！」

「うまくできたらごほうびくれる？」

「う～ん、しょうがないな～」

「やった！　よーしはりきっちゃうぞ！」

いちゃいちゃとキッチンのドアを開け、人目もはばからずにぶちゅぶちゅに今夜の料理について語りながら入って来たカップルは、たしかに日本人であった。まったく、**ヨロシクやってるね～。ハイハイごちそうさま（明治時代）！**

しかしこれはラッキーだ。たとえバカップルといえども、もし彼らが北の方から来たとしたらありがたい情報がもらえる。オレは彼らに話しかけた。

「あのー」

「な～、いいだろ～。誰も見てないって～」

「もお～っ。ちょっと～。ごはんが作れないじゃないの～。やめてったらあ～♡」

「すいません、バカップルさん！」

「はっ！　こ、こんにちは！　あれ？　日本人の方ですか？」

「そうでーす。さくらでーす。ニートでーす。どうも初めまして」

「ど、どうも……」

初めましてといえば、何年か前に「恥めまして」というタイトルのＡＶがあったな。というのはこの際**大事の前の小事**なので置いといて、今にも互いの衣服を脱ぎ去ろうとしていたバカップルの会話に割り込み話してみると、やはり彼らはアフリカを南下してきた旅行者だった。

　アフリカで日本人の旅人と出会った場合、彼らと打ち解けるのは非常に簡単だ。なぜなら、お互いの持つ情報がそれぞれの危険を少しでも減らしてくれることをわかっているからである。まあ旅をスタートしたばかりのオレは持っている情報も何もないのだが、彼らはバカップルにしては親切にアフリカについて教えてくれた。

「これから北上するの？　大変だねー」

「はい。どこか危険なところなどありましたか？」

「うーん、アフリカの南半分は危ないところばっかりだけど、やっぱりケニアのナイロビはダントツだったなー」

「ナイロビですか……」

　ケニアの首都ナイロビは、アフリカでは南アフリカの次に治安が悪いそうだ。しかし具体的にどんな危険があるんだろうか。オレは、このやさしカップルから徹底的に危険情報を聞き出すことにした。

「とにかくダウンタウンには行っちゃいけないよ。俺たちが朝、宿の窓から下を見てたら、白人の女の子のグループが危ない方に入って行ったんだ。そっち行っちゃダメだよ……と思ってたら、案の定みんな貴重品取られて帰ってきたんだ」

「あらら……」

「白人の男の旅行者が5人で歩いてたらしいんだよ。そしたら強盗10人に囲まれて荷物全部取られたんだって」

「…………」

「ひどい人なんか、昼間買い物に行こうとして1人で歩いてたら**20人以上に**囲まれたんだって。強盗の**人数を数えることすらできなかったらしいよ**」

「ちょっと面白いですね……（涙）」

「まあナイロビほどじゃないにしても、基本的に都会はどこも危ないよ。昨日会った白人のおじさんも強盗に腕を刺されて何針も縫ってたし」

「ひえ〜っ。もしかしてそれってこの辺ですか？」

「うん。そこの前の通りで昼間。すぐに財布出さなかったもんだから切られちゃったんだって」

「そこでですか。やっぱりこの辺も危ないのか」

「普通に危ないよ。隣のセブン-イレブンもついこの間強盗入ったばっかりだし」

「普通に危ないんですか。でも、**危ない状態は普通じゃないと思うんですけど**」

「そういう細かいことを言うからキミは友達ができないんだよ」

「うう……ヒック（号泣）」

こうして、バカップル改めやさしカップルは旅で見聞きした犯罪体験をとうとうと語ってくれた。

しかし南アフリカとナイロビは、**職業欄に「強盗」と書いても銀行がローンを組んでくれるのではないか**というほど強盗の話ばかりだ。この国では強盗も税金を払い、仕事がなくなったら**失業保険も貰えるのではないだろうか**。

日本では「宿題やったけどノートを家に忘れました」と言っても誰も信用してくれないが、ここならば**「宿題やったけど途中で強盗に取られました」という言い訳が実に真実味を帯びそうだ**。南アフリカの小学生が**うらやましい**。

彼らの教えてくれた事件はそれぞれ非常に興味深く、アフリカの現状を学ぶためにはおおいに参考になる話だろう。しかし、**これからアフリカを北上する人間にとってはただの怖い話であった**。

「こ、怖い……。(((;°Д°))) ガクガクブルブル……」

「あ、あれ？ そんなおどかしちゃったかな。ま、まあまだ旅は始まったばかりなんでしょう？ 今の話は忘れて楽しんできてよ！」

「忘れれるかっ（ら抜き言葉）!!!」

「ははは……」

通常勝負の世界では、相手のことを知れば知るほど怖さは消えていくものだが、**アフリカが相手の時だけは、知れば知るほど恐怖が増加していくらしい。**

オレはたしかに怖がりである。だが、**たとえ四谷出身のお岩さんでも、**これからアフリカを縦断しようという時にこの話を聞いたら、**自分の顔のこともすっかり忘れて怖さにおののくであろう。**

まだ旅は始まったばかりであるが、既にオレはこの旅に出たことを心から激しく後悔しているのであった。ああ早く日本に帰りたい帰りたい帰りたい帰りたい帰りたい……（涙）。

震える大捜査線

闇両替で自分が好景気になり、ドカ買い。20時間後にバブルが弾けることを、オレはまだ知らない（号泣）。

ケープタウンから首都のプレトリアを経て、オレはいきなり隣国ジンバブエとの国境までやって来た。なにしろ強盗強姦が日常茶飯事、本来呪いをかける方である**貞子でさえ井戸から出て来た途端強盗に身ぐるみ剝《は》がされる**と思われる南アフリカでちんたら旅をしていたら、命がいくつあっても足りない。

いや、さすがに命がいくつあっても足りないというのは大げさで、**せいぜい10個もあれば足りるだろうが、**残念ながらオレは1つしか持っていない。その上、**そこらへんの亀を連続で踏んでもピロリロリロと命が増えることもない。**そこらへんに生えているキノコを食ったら、1UPどころか**むしろ命を失う可能性の方が高い。**

黒人の長蛇の列に並び、入国審査を済ませる。

ジンバブエといえば、以前テレビ番組でユースケ・サンタマリアが「こんにちは。僕は今ジンバブエにいます」と言って**笑いをとっていた**ことを思い出す。つまり、日本ではジンバブエなんて**ギャグのネタ**でしか聞くことがないような、馴染《なじ》みの薄い国なのだ。

もしかしたら友人にメールを出して「今僕はジンバブエにいます」と言っても、**誰も信じてくれないのではないだろうか。**むしろ**「つまんない」**とか**意味不明の感想**が返ってくることも十分考えられる。だがそもそもよく考えたら、「今ジンバブエにいます」

などと言ってウケを狙うのは**ジンバブエ人にとても失礼だ。**

ジンバブエのマシンゴという町の道端に1人ポツンと降ろされたのは、南アの首都プレトリアを出てから15時間後であった。

なぜオレが黒人さんですら誰も降りない辺境の町に1人たたずんでいるかというと、近郊にある「グレートジンバブエ」という遺跡を見るためだ。有名な遺跡の近くを通ったら興味のあるなしにかかわらず訪れるというのは、おすぎがCMの依頼が来た映画を**内容にかかわらず褒めちぎる**のと同じ旅人の義務なのである。

町を歩くと、やはり先進国南アフリカとは様々な点において違いが見られる。喫茶店やファーストフードはあるわけがなく、住人は全員黒人。物乞いもいるしノラ犬はなんだか野生に近く、「○○犬」というふうに**種類を特定することができない。**子犬だと思い連れて帰って飼い始めたら、5年後にはなんだかよくわからない、**図鑑に載っていない猛獣**に成長していたなんてこともあり得そうだ。

さて、人に尋ねながら辿り着いた安宿の主人は**素手でバッファローと戦えそうな、**迫力のある**ボブ・サップ似の黒人女性**であった。彼女にはボイ〜ンという擬音が良く似合う。ジンバブエは物価が安く、シングルルームが150円。お得というよりは、**収益を**

上げる気があるのかと問いかけたい値段である。

その夜オレは共同キッチンで1人寂しくジュースを飲んでいたのだが、ふと耳をすませてみると、なにやら背後からカサカサっ、カサカサっっと音がする。これは、どうも聞き覚えのある、**根本的に人を不愉快にさせる音**だ。……そう、無人のキッチンでカサカサといえば、あれしかない。一番最初に**ゴ**がついて、最後に**リ**がつくあの黒いゲテモノである。ごきげんよう下半期サイコロ祭りではない。

………。

そこだあっっ!! ガバッ

オレは何も聞こえていないフリをしてしらじらしくジュースを飲みながら、突然やつらの虚をついて振り向いた。

ぐあっ!! 出たっ! でやがったなこのゴキ野郎が! てめえら人間じゃねえ! ぶっ殺す!!

サイズこそ我が国のゴキたちの半分であるが、しかしこいつらは集団行動、数で勝負していやがる。一体何匹いるんだ。

オレはダッシュで部屋へ戻り、日本が誇る対ゴキブリ掃射砲、キンチョールを手にした。

その後キッチンは戦場と化し、**止むことのない暴力の応酬**が続いたかに見えたのだが、数分後、キッチンの扉からもくもくと昇る煙とともに帰還したのは、傷つきながらも作戦を遂行完了したオレただ1人だけであった。

ふっ……またあたら罪のない多くの命を奪ってしまったぜ……。

しかしキッチンの見えるところだけで**30匹はいた**。1匹見たら30匹はいると思えという格言のままならば、この辺りに**約900匹のゴキブリが潜んでいる**ことになる。宿泊客より多いではないか。この宿が安い宿泊料でもやっていけるのは、きっとゴキブリからも滞在費を徴収しているからなのだろう。

翌朝は7時前に起床である。日本では普段、起きてすぐテレビをつけると**水戸黄門の再放送**をやっているという**完全深夜型人間**のオレであるが（とはいえ、インターネットとゲームに生きるニートに起床時間など関係ないのだ！）、グレートジンバブエ遺跡のためなら朝顔も真っ青な早起きだ。

さて、朝食に行く前には、厳重に所持金を隠しておかなければならない。ここで**海外安全管理のプロフェッショナル**の立場から、みなさんに旅先での貴重品の扱いについて説明しようと思う。

海外に出かける時に心がけなければならないこと、それは日本の感覚を捨てるということだ。

例えば、オレはこれから2部屋先の食堂に朝食を食べに行く。ほんの数十分の間であるが、だからといって決して油断してはいけない。プロフェッショナルとしては、この僅《わず》かな時間にも気を配り、万全を期さねばならないのだ。

まず、所持金をすべて小さいリュックの中に入れる。オレは今回の所持金は現金1000ドル、トラベラーズチェックが7000ドルで計8000ドルであるが、その大金を入れたリュックには**南京錠**で鍵をし、目に付かないようベッドの下に隠す。その上、隠したリュックをベッドの足にもう1本の**チェーンロック**できっちりくくりつける。最後は、当然だが**部屋自体の鍵**をかけて、ほんの10メートル先の食堂へ向かうわけだ。

どうだい？　真の危機管理とは、ここまで徹底した行動のことを指すのである。やりすぎと思うかもしれない。だがこれが絶対に妥協を許さないプロ中のプロ、人呼んで**セキュリティマスター**の仕事というものなのだ。

さて、キッチンで手早く朝食を済ませると、オレは再び部屋へ戻った。完璧な安全管理をしているだけあって、我ながら部屋への戻り方も胸を張って堂々としたものだ。なんて頼れる男なんだろう。

部屋の鍵を開け、すぐにベッドの下を覗《のぞ》く。こうして部屋に戻ったら真っ先に貴重品を確認するくせをつけるというのも大切だ。ベッドの足からチェーンロックを外し、隠してあったリュックを引きずり出す。さらに南京錠を外しチャックを開ける。我ながらあまりにも厳重だ。**オレ自身でさえリュックを開けるのに手間取ってしまう。**

さて、今日遺跡にはいくら持っていこうか。入場料がUS5ドルだから、ドル紙幣も必要だな。えーと、金、金……と。

あれ？

…………。

えーと、金、金……と。

あれ⁇

……えーと。えー、金、金……と（汗）。

あれ???

オレ金どこにしまったっけ？　おかしいな……。たしかこの中に入れたはずなんだけど。奥に入っちゃったのかな？……ないなあ。ガイドブックに挟まっちゃったのかな？……ないなあ。

あれ〜。ほんとどこやった？　よし。落ち着いて思い出してみよう。朝食の前、たしかにオレは全所持金をリュックに入れたよな。うん。鮮明に覚えてる。なのに今、こうしてリュックの中身を全部出してもなぜか1ドル紙幣の1枚も見つからないんだよな。

……あ、もしかしてこのリュック、秘密のポケットでもあるとか？　あれだ！　麻薬の密輸で使うみたいな2重底とかじゃない？　うん、あり得る！　**ってそんな機能オレ自身が知らないんだよっ!!**

…………。

どこだっ！　オレの8000ドルどこだ!!

オレの100万円！　オレの旅行資金!!　オレの食費！　交通費!!　宿代!!　帰国費用!!!

ない。ないぞ。

ぬお――――――――――っ！

…………。

もしかして。

そうだ。きっとそうに違いない。

8000ドル。君は、ついに自分の進むべき道を見つけたんだね。

日本を出てからずっと一緒だったけど、僕自身、いつかキミが旅立って行くだろうってことはうすうす気づいてたんだ。

僕だって、本当は君の夢を応援してあげたかった。それでもあえてずっと反対していたのは、君のことが大切で、本当に心配だったから。
ううん。それも結局は、ずっと君と一緒にいたいがための、僕の勝手な言い訳だったのかもしれない。きっと今は、そのちっぽけな、でも無限の可能性を秘めた体に羽根が生えたかのように、アフリカの大地を駆け回っているんだね。**ってふざけてる場合かよっっ!!!!**

……やられた。

全財産盗まれた。

いやー、ははは。

…………。

…………。

ひええ〜〜〜〜〜〜〜〜〜〜〜〜〜〜〜〜〜〜〜〜〜っ（号泣）!!!

オレはとにかく従業員部屋へ走った。

「ぬぬぬぬぬっぬあ〜〜〜っ！　盗まれた!!」

「なに？　どうしたの？」

「オカネ！　オカネヌスマレタヨ!!　カエシテヨ！　アタシノオカネカエシテヨっ（涙）!!」

「ちょっと、落ち着いて話しなさいって」

「金が盗まれた！　盗まれた!!　オレの金がっ!!」

「なんですって？　ホントなの？」

「ホント！　ジャパニーズウソつかない（涙）！」

「…………」

「…………」

「……シット！」

「嫉妬してる場合じゃないでしょ！　どうすりゃいいの!!」

「とりあえずポリスよ！　警察署が目の前にあるから!!」

「た、たしかに！　こういう時は警察だ!!　うおっ。警察っ!!」

幸いなことに、交差点を挟んですぐ向かいにポリスステーションがあった。オレは**そんじょそこらの幼稚園児には負けない哀れな泣き顔**で、我を忘れて警察署へ駆け込んだ。ダダッ（駆け込み）

「盗まれたっ！　お巡りさん!!　全財産盗まれましたっ!!」

「な、なに……。まあ落ち着きなさい」（というように聞こえた）

「助けて!!　こういう時、人はどうすればいいのですか（涙）！」

「おお、なんたらかんたらうんちゃらかんちゃら」

「な、何言ってるんですか……？」

ポリスは、オレに**ジンバブエ語で**何か問いかけてきた。…………。

みんな、想像してみてくれ！　アフリカを旅行中に全財産盗まれて、唯一の頼みの警察に駆け込んだら**警官がジンバブエ語しか喋《しゃべ》れなかった**時の絶望感を！　**どうだ！　呪怨より怖いだろう!!!**

もちろんオレ自身もこの時点ではほとんど生きる気力を失い、**臨死体験**を味わっていた。幽体離脱し天井あたりから自分の姿を眺め、「ああ、あの人とても困っているよ。かわいそうだなあ」と他人事のように思っているオレもいる。本人事なのに（号泣）。

どうすればいいんだ。オレの場合は、諸葛亮や大豪院邪鬼から**「本当に困った時にこの袋を開けるがよい」**という袋も持たされておらず、もはや為す術《すべ》がない。しかもそれだけではない。金だけではなく、**奴はとんでもない物を盗んでいきました。**それは……。

私の心です。
あひゃひゃいひぽぽんぽ〜んぽ〜ん（心を盗まれた人）

ジンバブエ語しか喋れない警官は、心がチューリップ畑に旅立ったオレを見捨て、どこかに消えていった。ああ、オレはもう今後の人生はここジンバブエでホームレスとして送らなければならないのだろうか。これは中国旅行ではなくジンバブエ移住ということに……。

「おー、ニホンジンかー」

「ぽ〜んぽ〜ん……。はっ!! おまわりさん!! **盗まれました!!**」

将来のジンバブエ人としての浅黒い自分を想像し始めていた矢先、天の助け、先ほどのポリスがカタコトだが英語を話せる別のポリスを連れて来てくれた。ああああああああああああ（爆泣）。

ジノエラという名のカタコトポリスにカタコトの英語を駆使し事件の状況を伝えると、彼はオレの話を逐一調書にまとめていく。

ちなみにいまだ誰からも現場検証という言葉は出ていない。普通、事件が起きたら真っ先に現場に行くもんじゃないか？ 事件は取調室で起きてるんじゃない。**現場で起きてるんだ!** なんて強気な発言は**大人として波風を立てないために決してしない。**

「朝ごはん食べてるほんの20分の間だったんです。部屋の鍵も、カバンの鍵もちゃんとしてたのに！」

「フムフム。フェン アイ ワズ イーティング ブレックファースト と……」

「お、遅い……」

彼が書いている調書は、調書といってもただの真っ白い紙だった。そこに、なぜか「僕が朝食を食べている時に……」とオレの立場になって**話し言葉で**書いている。**脚本家志望**

か？

長〜い調書作成がなんとか終了すると、やっとジノエラポリスは「じゃあキミの部屋に行ってみようか」と言い出した。

そして、ジノエラを筆頭に数人のポリスと共にオレは部屋に戻った。宿のアマゾネス女主人も心配そうについいて来る。まずみんなで始めたことは、**もう一度オレの荷物をひっくり返して金を探す**というものだった。そんなもんオレが今朝何十回やったと思ってんだ……。

物珍しげにオレの荷物を1つ1つチェックし、警官の目が鋭く光る。

キラーン

「おい、これはなんだ？」

「あの、それは使い捨てカイロといって、寒いところでも温まることができる非常に重宝なものでして……決して危険なものでは……」

キラーン

「ん？　これはなんだ？」

「そ、それは下痢で倒れた時のために持っているスポーツドリンクの粉末で……確かに怪しいですけど、あくまでジュースでして……」

キラキラキラーン
「むむ？　これとこれとこれは？」

「えー、MDウォークマンとドライヤーとキンチョールで……」

部屋の中はどう考えても、盗難品を探しているというよりもオレの持ち物検査、そして**日本製品の展示会**といった雰囲気になっていた。

ひと通りオレの荷物を**ぶちまけ**満足すると、今度はみんなで部屋の周辺を探し始める。

女主人は「こんなこと今までで初めてよ。あなたどこかにしまって忘れてるだけじゃないの？」とオレに**疑惑の目**を向けながら、共同トイレのタンクまで開けて探していた。おばさん、オレは少なくとも**共同トイレのタンクに金をしまってはいない。**


ジノエラは、何かと世間話をしてオレを励まそうとしてくれているようだ。こちらはそんな気分ではないが、気持ちはありがたい。

「なー、おまえの住所と電話番号聞いといていいか？」

「え？　日本の住所？　もちろん！　なにかあったらすぐ連絡してください！」

すかさずオレはノートを千切り、連絡先を書いて彼に手渡した。可能性は低いと思うが、ジノエラは犯人を発見し、金を取り戻した暁には遠く日本まで連絡をくれるつもりなのだろう。なんという職務に忠実な青年だろうか。

「じゃあこれがオレの住所と電話番号だから」

「ん？　なんであんたの住所をくれるわけ？」

「オレも手紙出すから、ちゃんとおまえも返事書くんだぞ」

「うん！　僕たち離れていてもずっと友達だよね！　**ってただの国際交流かよ‼　オレが欲しいのは友情より金だ‼」**

「おまえ、そういう浅ましいことを言ってるから、日本人はエコノミックアニマルなんて言われるんだよ……」

「じゃかましいっ‼　あんたは犯人を探すのが仕事だろうがっ‼　ペンフレンドを探してどうするんだよっ‼」

ダメだ。悪い人間じゃないのはわかるが、**このポリスたちに事件を解決する力はない。**オレの金が戻ってくる可能性ももはやない……。これがグラディウスだったら、1度装備を失っても上上下下左右左右ＢＡのコナミコマンドでフル装備に復活できるのに……。

現実の世界というのはなんて厳しいものなんだ。

100万円……100まんえん……。

これからオレはどうなるのだろう。所持金はたまたまポケットに入っていた50USドル、日本円にして5000円のみ。この金額で日本に帰るには、木彫りの民芸品のフリをしてダンボールに入り**船便で発送**してもらわなければならない。やっと日本に着いても、正体がバレたら**ワシントン条約違反**などと理由をつけられてジンバブエまで**返品**されそうである。

ああ〜〜くそ〜〜〜、**どこ行ったんだよ金!!** 何年も使わずにコツコツと通帳の中に貯めていたのに、いざ表に出たらたった1週間の命かよ！ **セミかおまえはっっ!!!**

その時ジノエラが叫んだ。

「そうだ！ 忘れてた！」

↑マシンゴ警察の有能な警察官たち。右がジノエラ

「え？　どうした？」

「いい考えがある。これなら犯人が見つかるかも！」

「な、なになに！　もったいぶらないで早く教えて！」

「グレートジンバブエ遺跡に、予言者のばあさんがいるんだ！　彼女に頼めば、犯人を占ってくれるかもしれない！」

ジノエラの言葉に、アマゾネス女主人も便乗して盛り上がっている。

「そうよ、たしかにそうだわ！　あなた予言者のとこに行ってきなさい！　きっとあなたのお金がある場所も教えてくれるはずよ!!」

「わーうれしい！　そんなすごい人がいるんだね！　たしかに予言者なら、犯人の姿もお金の行方もきっと全てお見通し！　**ってうご――――！　うきゃ――っ!!　ぎょわ――っ!!!**」

「ど、どうした！　取り乱すな！」

ここはどこですか？　**今は何時代ですか？　教えて（涙）!!**

事件の犯人を占いで見つけてもらいなさいと、**犯行直後に警察自ら進言している。**

ここは本当に地球上か？　ってというか**それなら警察の役割はなんなんだよっ!!　そんなもん行くかボケ――っっ!!　こちとら近代文明の寵児なんじゃ――!!**

……もう誰も信じない（号泣）。

アイギーナの予言

犯行現場。この部屋のことと優香の水着卒業宣言は、いまだに思い出すだけで悲しみに打ち震える。

グレートジンバブエ遺跡は、まずマシンゴからバスに乗り1時間ほど、そしてその後数km を歩いた山の中にある。

……なに？　遺跡観光なんて行ってる場合かって？

何を言っているんだ！　むしろ、今だからこそ行かねばならないのだ。今こそ。困難と災厄により心を砕かれたこんな時にこそ、グレートジンバブエ遺跡の持つ奇跡の力に頼るのである。……そう。**予言者に犯人を占ってもらうんだよ!!**

ここは日本じゃないんだ。**ジンバブエなんだ。**オレたちの国とは、人種も歴史も文化も根本的に異なるのである。日本の常識に照らせば、「この科学捜査の時代に占いで犯人捜しなんてバカじゃないの！」と思うかもしれない。だが逆にジンバブエ側から日本を見たら、「うわー、**今時科学捜査だって！　この占いで犯人を当てる時代に！**」とやはりバカにするはずだ。

その国にはその国の常識というものがあるのだ。**だからきっとジンバブエでは占いで犯人が見つかるはずなのである。**

……え？　頭おかしいんじゃないかって？　そうかいそうかい。

全財産盗まれりゃ誰でもおかしくなるんだよっっ!!

道端で1人バスを降り見渡すと、前方のドス黒い雨雲に稲妻が走っているのが見える。予言者に会いに行くにはなんともムードが出ているではないか。

誰もいない山の小道を30分ほど歩く。なんか不気味な道だなと思ったら、案の定、道端に**「野生動物に注意」**の看板が。アフリカでこの看板はシャレにならん。**病院の診察室に入ったら「誤診を減らそう　目標：先月比10％減」という紙が貼ってあるくらいシャレにならん。**

おそらくここで指している野生動物というのは、リスやカルガモではないような気がする。多分もうちょっと大きい、食物連鎖でもトップに君臨している**とてもお強い動物たち**だろう。

しかし、どうやって注意すればいいんだ？　そういう看板はぜひ**山に入る前に立ててくれ**と言いたい。ここまで山の中に入ってから今更注意しようにも、自分を美味《おい》しく見せない方法など知らない。茂みの枝を何本か切り取って、その陰に隠れてこそこそと移動した方がよいのだろうか。だがそんな悪あがきをしても**後ろから食われそうである。**

恐怖心というのは更なる恐怖心を呼び起こすもので、いつの間にかオレは**猛ダッシュ**をしていた。なんとか食物連鎖に組み込まれないようヒーコラヒーコラバヒンバヒンと泣きながら走り危険地帯を切り抜けると、遺跡の手前には係員なのか原住民なのか知らないが、何人かの黒人さんがたむろしていた。

「あの〜。すいません、ここに予言者さんがいるって聞いて来たんですけど。今ご在宅でしようか？」

「あー、フォーチュンテラー（予言者）のばあさんなら向こうの山の中の村にいるよ」

「そうですか。どうも〜」

どうやら予言者はたしかにここにいるようだ。本当にそのばあさんはオレの金が今どこにあるのか言い当てることができるのだろうか？　もし彼女がズバリそれを予言し実際に金が見つかったとしたら、**きっと予言者が犯人なのだろう。**

ちなみに予言者は予言者と言うだけあって人の未来なども予言することができるらしいので、せっかくだからオレの恋愛運や仕事運なども占って**もらっちゃおーっと♪**

ばあさんの住む集落は大分離れたところにあるらしく、とりあえずせっかくなので移動も兼ねて遺跡観光を楽しむことにした。

だが、期待していたもののグレートジンバブエ遺跡には、見るものは**石しかなかった。**

かなり拍子抜けである。どんな昔のものであろうと、いにしえのなんたら王国の遺跡であろうと、石は石。グレートジンバブエ遺跡は**清水アキラの物真似**のように**あまりにも原形をとどめていない**ため、歴史を知らないオレには特に感動もないのであった。

チョロチョロチョロ（ミドルサイズのトカゲ登場）

ぬあ────っ!!　トカゲっ！　トカゲが来た！　オレのすぐ横にっ！　でかい！　赤い！　キモいっ!!

あわわわわ……。正直言って、オレは前世が**ヤマタノオロチに生《い》け贄《にえ》に捧げられた村の娘**だったのかと思うくらい爬虫類が苦手である。爬虫類よりも桜樹ルイの方がずっと好きだ。オレは初めて見るカラフルな野生のトカゲに怯え、ヘビに睨《にら》まれたケロンパのごとく打ち震えた。

しかし幸いなことに、オレがトカゲを嫌いなように**トカゲの方もオレが嫌いだったようで**、いかにも不健康で体温の低そうな彼は、オレの姿を見かけるとすぐにコロコロと逃げていった。

さて、そんなことをしているうちに頭上にはどんよりと雨雲が漂い、もういつザバンと降ってきてもおかしくない状態になっていた。急ぎ足でフォーチュンテラーのいる村へ向かおうとしたのだが、その前にオレはある特異な体験をすることになる。

山の中の草地を村へ向かって早足で歩いていたオレは、ついに雨が落ちてきたのに気づいた。前方の木や草が雨に打たれ、濃い色に変わっていくのが見える。かなり激しく降っており、ザーザーと強い雨特有の効果音が聞こえる。

しかし、オレはちーとも濡れていなかった。髪は**秋のサラサラヘアー**のままだし、リュックも服も靴も心も相変わらず乾ききっている。つまり、**雨が降っていない**のだ。**だが雨は降っている**。おかしな状況だ。確かに激しい雨音がしまくっているし、目の前の草は完璧に雨に打たれているし、なによりも今眼前で雨粒が大量に上から下に降っているのが**見えている**のだ。しかしやはりオレは濡れていない。一体どういう現象なのだろう?

ふとある予感がしたオレは、腕を前方に差し出してみた。

すると。

バチバチバチバチバチ!

思いっきり雨に打たれた。

このことから結論づけられる状況はただ1つ。オレは今まさに、**雨が降っている場所と降っていない場所の境目に立っている**のだ。しかも、シトシト降りではなく、**ザーザー降りとの境目**である。さすがにこれには森田さんや木原さんもびっくりだろう。まさに狐につままれたような、不思議な体験であった。といっても今まで**狐につままれたことがないので**、妥当な表現かはよくわからないが……。今度機会があったら、ぜひつままれてみたいと思う。

実際雨の境目に立っていられたのは10秒ほどで、その後すぐにオレはずぶ濡れになった。しかし目指す予言者の村はすぐそこだ。オレはあの事件の犯人と金のありかがわかるかもしれないという期待、そんなものは正直**一切持たずに**山道を進んで行った（涙）。

そして遂に辿り着いた。ここが予言者が住むという集落だ！

いや、ちょっと待て。

ここどこやねん!!

あのー、今たしか21世紀ですよね？　惑星探査機のカッシーニはもう土星の周回軌道に乗りましたよね？　**ヒトゲノムの解読も終わりましたよね？**

一体何時代の村なんだ？　本物のヤマンバギャルが住んでいてもおかしくないような、もしくは駆け出しの俳優がウルルンウルルン言いながら滞在していそうなこの**古風な感じ**。大体、ここの住人たちはオレを発見したらどう思うのだろうか？　ヤリで突《つっ》いたり**毒矢を放ったり**してこないだろうな……。

この中から予言者の家を見つけるには一体どうすればいいのだろう。表札もかかっていないし、

住所も聞いていないし。というか、**住所とかないだろうし**。ここではきっと郵便配達も**フィーリングで**行っているに違いない。

小雨の降る中、藁ぶき小屋の間を毒矢を警戒しながら歩いていると、原住民らしき女性が家の入り口に立っているところに出くわした。

「あ、あのー、ナイストゥーミーチュー。この辺りにフォーチュンテラーさんが住んでるって聞いたんですけど」

「？」

「フォーチュンテラー！　フォチュンテラー!!」

「オー！　あっち！　あの家（と言っているふうに聞こえた）！」

「あそこですか！　ありがとうございます！　ダンケシェーン！」

「はいはい。どういたしまして（と言っているふうに聞こえた）」

いやー、なんとかなるもんだなあ。人間のコミュニケーション能力というのは実に素晴らしい。なんだかんだ言っても、やっぱり我々は同じ**宇宙船地球号**の乗組員同士なのだ。

予言者のばあさんはすぐそこの家に住んでいるらしい。いつものオレは占いなど女性芸人の**ウエスト59cm**という情報と同じく**全く信じていない**のだが、ここに住んでいるというだけで何かしらの説得力はある。たしかにこの集落で何十年も暮らしていたら、誰でも**妖術の1つや2つ**使えるようになりそうだ。

ところで、予言者は今ご在宅なんだろうか。普通に考えて、アポイントも取らずにいきなり家を訪ねるのはマナー違反な気もする。一応来る前に**のろしかなんか**で予約した方がよかったのだろうか。しかしオレはどちらかというと現代っ子なので、のろしの上げ方は知らない。携帯かネットで予約できればよいのだが、この村にはそういう**文明関係**のものはないようだ。

オレは、意を決して家の中を覗いてみた。

ドドーン

うわ〜……予言しそう……。

頭にヒラヒラとつけた鳥の羽根、手に持った怪しい木の杖、顔に深く刻み込まれた皺《しわ》、部屋の中に転がる動物の置物や毛皮。全ての小道具が予言者の神秘的なオーラを演出している。

「ちょっとお伺いしますが、こちら予言者さんのお宅でしょうか？」

「おお、そうだが、キミは？」

「わたくしさくらと申しまして、顔色は悪いですが怪しいものではありません。実は予言者さんに占ってほしいことがありまして……」

「そうかそうか、じゃあ遠慮なく入りなさい」

「はいっ！　では遠慮なくお邪魔します！」

言葉の壁が心配だったが、素晴らしいことに予言者の隣にいるおじいさんは英語が喋れるようだ。ジンバブエの公用語は英語であるし、こうして旅人が訪ねて来た時のために彼が通訳をやっているのだろう。

予言者のばあさんは、オレの突然の訪問に驚いているようであった。予言者なら「ふっふっふ。おまえが来ることなどとうの昔からわかっておったわ！」くらい言ってほしかったのだが、どうやら**オレが来ることは予言していなかったらしい。**

通訳のじいさんを介して簡単な自己紹介をした後、早速だが予言者のおばあさまに用件を伝えることにした。なにしろオレは、**ジンバブエ警察からの特命**を受けてここにやって来ているのだ。

「えーと、実は僕マシンゴでお金を盗まれてしまいまして（号泣）。それで警察の人から、フォーチュンテラーさんに犯人と金の行方について聞いてくるように言われたんです」

「なるほど。たしかに彼女ならわかるかもしれないな」

「では、ぜひお願いしたいのですが」

「うん？　それだけでいいのか？」

「あ、じゃあ僕の将来がモテモテでウハウハの輝かしいものになるのかなどもぜひ……」

「よし、それではおまえの未来全般についての予言を行うとしよう」

「おおっ、ぜひお願いします!!」

やはり若者として、将来の不安は常につきまとう。果たして10年後、20年後にもオレは立派に引きこもりライフを続けていられるだろうか。そして予定通り**アイドルと結婚しているだろうか？**　その点についてもぜひ予言者様のご神託を仰ぎたい。

前回のインドの旅では、オレはサイババの弟子に「キミは95歳まで生き、**マハラジャの**

ようにリッチになる」と予言されている。もしもこのばあさんも同様に「おまえは将来マハラジャのようにリッチになるぞ」と言った時には、オレは**すぐさま弟子入りする用意ができている。**

　ということで、いよいよ占い大好きっ子であるオレの未来と、その大好きっ子の全財産を盗んだ**極悪非道の畜人鬼**の正体を、予言者によって明らかにしてもらう時が来た。

「よし、では始めようか」

　そう言うとじいさんは、清水の次郎長がかぶっている笠に弦を張ったような独特の楽器を、ボロン……ボロン……と奏で始めた。隣ではばあさんがヒョウ皮のマントをまとい、動物の形をしたオブジェに向かって祈っている。

「う……うううぐううう……」

「うわ——っ!　な、なんですか……び、びっくらこいた……」

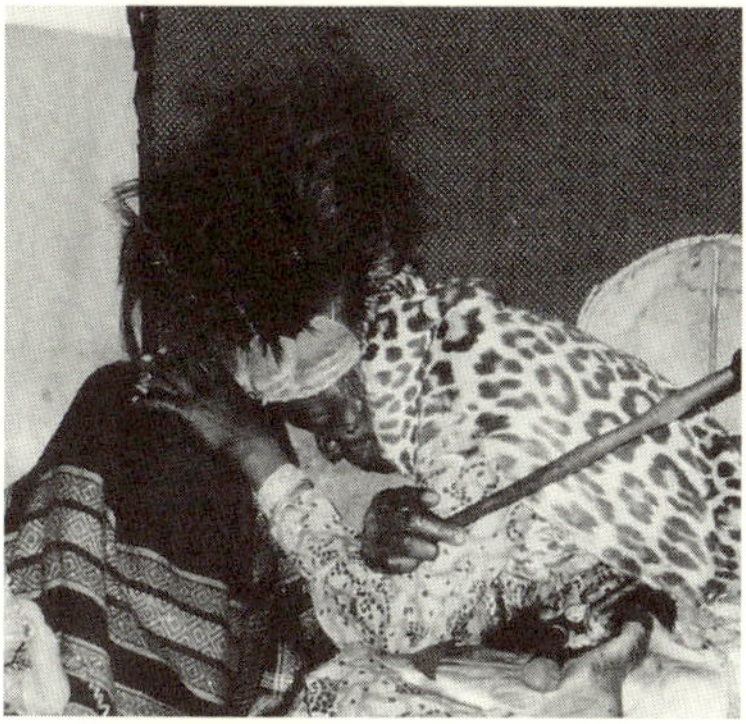

　いきなり予言者さんは苦しそうに唸《うな》り始めた。これはどういうことだろう。じいさんの演

奏している楽器の音で頭の輪っかが締まるようにでもなっているのだろうか？　それは孫悟空だ。

ひたすら苦しむおばあさん。非常においたわしく思うが、それ以上にヒョウ皮をまとった老女がウーウーと呻《うめ》き声をあげる姿は**非常に怖い。**なにやら怨霊《おんりょう》的なものを感じる。

この状況でオレは一体どうすればいいのか？　じいさんは平気で演奏を続けているので、「おばあちゃん、大丈夫ですかっ？」などと言って駆け寄るのは道徳的には正しくてもここでは場違いなのだろう。それ以前に、不用意に近づいたら**食いつかれそうだ。**

オレはただうろたえながら部屋の片隅で固まっていると、徐々に呼吸が整ってきたおばあさんが、むっくりと顔を起こした。

じいさんが演奏を止め何やら話しかけると、彼女は突然甲高い声で早口にまくしたてた。


「アイヤイヤイ#ш ë▽ヤイ$△ヤイヤイ○×ヤイ!!」


うえ〜ん（泣）。おばあちゃんが〜〜〜おばあちゃんがおかしくなっちゃったよ〜〜〜（涙）。

なんだこのテープを早回しにしたような喋り声は。今までのばあさんとは声も話し方も全く違う。どうしたんだろう。ちょっと**おてんばして**、ヘリウムガスでも吸ったのだろうか？

「どうやら、無事スピリッツが彼女に降臨したようです」

「へ……？　す、スピリッツ？　なんですかそれはっ。ルーララー宇宙の風に乗るんですかっ」

「それはスピッツ。降臨したのはスピリッツ様だ！」

スピリッツ。そう、スピリッツ、多分精霊とか霊魂とか**そんな感じなのが**、今予言者のばあさんに宿っているというのだ。つまり、今アイヤイと喋ったのはばあさんであってばあさんでない、**ばあさんの肉体を借りているスピリッツ**だったのである。

そんな立派なアフリカの精霊さんが、一介のニートであるオレの未来についても知っているのだろうか。ならばぜひ教えてもらいたい。**普通の暮らしではなかなか精霊と話す機会はないものだ。**滅多にないこのチャンスに、聞けるだけ聞いておかねばなるまい。

スピリッツはじいさんに向かってなにやらアイヤイ甲高く話している。うーん。この激しい変わりよう。**マツに「トミ子！」と叫ばれたトミーのような急激な変身っぷり**である。

じいさんは、精霊の言葉を訳してオレに伝えてくれる。

「スピリッツは言っています。キミはものすごく長生きをするということだ」

「おお。何歳くらいまでですか？」

「アイヤイë▽ヤイ※ヤイ＄△ヤイ！」

「あまりにも長生きなんで、スピリッツにも先が見えないそうだ」

「そうですか……」

鋭い。これは、スピリッツもオレが95まで生きるということを見抜いているということではないか。つまりこの予言は当たっているのである！

どうやらこれはかなり期待できそうだ。なにしろオレの孫の孫はセワシくんと違って未来から**ネコ型ロボットを派遣してきてくれていない**ため、家の机を開けてもタイムマシンはなく、こんな機会でもないと将来の自分を知る機会はないのだ。

スピリッツが体に宿ったばあさんは、先ほどまでとはまるで別人のようである。ただ、これが実際にスピリッツなのか、**演技派のばあさんなのか**は知る由がない。本当にこのばあさんの体には、今この瞬間神が降臨しているのだろうか？　ちなみに、もしもオレがスピリッツだったとしたら、どう考えても**もっと若い女に宿る**。そして自分の体を揉《も》む。

「あの～、では結局僕はよい人生を送れるんでしょうかね」

「アイヤイë▽ヤイ※ヤイ$△ヤイ！」

「スピリッツは言っています。あなたは、一生懸命働けばきっと成功するでしょう」

「なるほど。そうなんですか……」

…………。

スピリッツさん、なんか**イヤーな予感がします**。この漠然とした答え、**無難なコメント**。

……いや、**そんなはずはない**。なにしろ彼女はインドあたりのインチキ占い師とは違い、**ジンバブエ警察公認**である。大体占い師じゃなくて、**スピリッツ様**だから。誰にでも当てはまるようなことを言ってお茶を濁すようなことを、スピリッツ様がするわけはない。人間の体に乗り移れるような、**超高校級**な能力を持つお方にそんな小細工は必要ないはずだ。

「他にも何か聞きたいことはあるか？　キミの方から質問してくれて構わないぞ」

「わかりました。じゃあ、仕事について聞きたいんですけど。将来僕はニートを辞めて、ちゃんとした仕事につけるのでしょうか？」

「アイヤイë▽ヤイ※ヤイ$△ヤイ！」

「スピリッツは言っています。キミは、もしかしたら将来仕事を変えるかもしれない。でも、たとえ職場が変わっても**一生懸命働きさえすれば**、きっとうまくやっていくことができるだろう」

「へえ〜」

なるほど！　一生懸命働きさえすればね！　さすがスピリッツさん。的確な予言だなあ！

…………。

……いやいや、**落ち着こう**。

危ない危ない。「的確な予言だなあ！……って**おい！**」などとノリツッコミをし、スピリッツ様に粗相をするところだった。

いかんいかん。ここはもっと大人にならねばならない。たとえ質問と答えが噛み合っていなくとも、**さっきと同じ回答でも**、これはスピリッツ様の予言なんだ。きっとここまではウォーミングアップみたいなもの。次からはズバッと具体的なことを言ってくれるに違いない。これはレクリエーションではないんだ。警察公認だ！　神だ！　精霊だ！　スピリッツだ!!

「アイヤイë▽ヤイ※ヤイ$△ヤイ！」

「あなたに礼儀やマナーを教えてくれた、両親に常に感謝するようにしなさい」

「はいっ！　わかりました！」

「アイヤイë▽ヤイ※ヤイ$△ヤイ！」

「そして、これからも親孝行をすれば、きっと親子仲良く暮らしていけるだろう」

「親孝行ですね……。肝に銘じます」

本当におっしゃる通りだ。ここまで育ててもらった両親に孝行するのは、子としての当然の責務。誰にも当たり前でありしかし誰にも難しい親孝行というもの、その大切さを改めて教えてくれたスピリッツさん、あなたの予言はなんて素晴らしい……って**スピリッツ？**


それは予言じゃなくて生活指導だろうが‼


なんで予言とか占いとかいうと毎回こうなるんだよ！

オレはジンバブエの山奥まで暮らしのアドバイスを聞きに来たわけじゃない。親孝行しなさいくらいのことは、別にアフリカまで来なくても**日本のテレビで永六輔が言っているぞ。**

くそ、もう仕事とか親孝行とか無難な話はいいから！　やっぱり若いんだから、寝ても覚めても恋の話が一番よ！

「じゃ、じゃあすいません、結婚についてはどうですかね。僕の結婚運はどんな感じでしょう」

「アイヤイë▽ヤイ※ヤイ$△ヤイ！」

「結婚は、したかったらすぐにでもできるぞ」

「すぐにでもですか？　いやちょっと待ってください。**相手いないんですけどどうなってるんですかね？**」

「アイヤイë▽ヤイ※ヤイ$△ヤイ！」

「キミは黒人の女性と結婚するのがいいかもしれない。**アフリカンととても相性がいいようだ**」

「**絶対にそんなわけないと思うんですけど。**それ自分がアフリカンだから言ってるだけでしょう！　も、もしかしておばあさん**僕と結婚しようとしてるんじゃあ**……さすがにちょっと年の差が……」

「アイヤイë▽ヤイ※ヤイ$△ヤイ！　ヤイヤイ！」

「それで結婚後の生活についてだが」

「相手の話はウヤムヤかっ！」

「結婚して何年か経ったら、キミが一生懸命働いているうちに奥さんは他のボーイフレンドを見つけて逃げて行くだろう」

「ババアっ!!　おいっ！　おまえが一生懸命働け言うたんちゃうんかっ!!　どういうことやねん!!!」

「アイヤイë▽ヤイ※ヤイ$△ヤイ！」

「まあともかく、一生懸命働くようにスピリッツは言っています」

「あの、話のスジってもんが……」

基本的にこのスピリッツは、**一生懸命働けしか言わないらしい**。たまに他のことを言うと思ったら、黒人と結婚しろとか女房が逃げて行くだろうとか、**精霊らしくない言葉**である。

うはうっっっ!!

しまった！　忘れてた!!

結婚話にうつつを抜かしてる場合じゃなかった。何しに来たんだオレは！　そうだ。金だ！　泥棒だ!!　フォーチュンテラーに犯人を突き止めてもらい金を取り返すためにここに来たんだよ！　やばい。一番肝心なことを聞きそびれるところだった。

ここで、いよいよ例の事件についてスピリッツ様の神通力を仰ぐことにした。とりあえずオレは、じいさんを介してあの忌まわしき盗難事件のことを涙ながらに説明した。ふむふむとうなずきながら聞き入るばあさん。いやスピリッツ。今こそ、温めておいた質問をする時である。

「スピリッツさん、ぜひ教えてほしいんですけど。僕の金は一体どうなったんでしょうか？」

「……。ウーン……」

「あ、あれ？　どうしました？」

「アイヤイë▽ヤイ※ヤイ$△ヤイ！　イイ$ヤイ×！」

「犯人がキミの金を盗んだのは、どうやら薬を買うためらしい」

「薬？」

「そうだ。おそらく誰か身内の者が病気になったんだろう」

「そ、そうだったのか……。じゃあきっとオレの金は、病気の人を助けるために使われて……**知らんがなっ!!　そんなもんでしみじみ納得できるかよ!!**」


薬……。薬を買う金が必要で、オレの全財産を盗んだというのか。身内が病気になって、咄嗟《とっき》に薬代が必要になった人間が**たまたまオレと同じ宿に泊まっており、たまたま何種類もの鍵の開け方を知っており、たまたまたった20分で犯行を完遂できる犯罪の技術を持っていたというのか。**

認めねえ。**そんなの認めねえ。**

第一、非常に失礼な言い方ではあるが、オレの被害額とジンバブエの物価を照らし合わせると、おそらくあの金で**薬局1軒分買える。**薬のためにというのが本当だったら、せめて**お釣りを返せ!**

「理由はどうでもいいんですけど、今、金はどこにありますかね? それを教えてほしいんですけど」

「アイヤイë▽ヤイ※ヤイ$△ヤイ!」

「スピリッツは言っています。キミは盗まれたお金を取り戻すことを考えるよりも、**一生懸命働くことを考えなさい、と**」

「**いいこと言った!**　たしかにそうだ。過ぎたことをクヨクヨ考えてないで前向きに頑張って働けば、**ってこのニセスピリッツがっ!!　おまえは労働党党首かっっ!!　働け以外言えねーのかよっ!!　そんなもん予言と呼べるかコラっっ!!!**」

あ〜♪　オレは〜ここに何しに来たんだろ〜♪（自由な曲調で）

こいつの言っていることはどう考えても予言ではない。ほとんど**政府広報**だ。そういうことはぜひ**地域とのふれあいを大事にする小学校の課外授業**で言ってもらいたい。そもそも、**全く質問に答えてないだろーが!!!**

この調子では、「あの……予言者様、相談があるんです。親友の絵里が、純君に告白するって言うんです。最初は私、絵里のこと応援してたんです。でも、この気持ちは何？　絵里が純君に近づくたびに、私の心がドキドキいってる。もしかして、本当は私も純君のことが？　ダメ！　そんなのダメよ！　私は絵里との友情を壊したくない！　でも……でも純君のことも諦めきれない……自分の心にウソなんてつけない。私、一体どうすればいいの？　スピリッツ様、教えてください！」という思春期の女子高生の真剣な悩みすら、**「そんなことより一生懸命働きなさい」**で済ませそうである。

もうこの時点でオレのスピリッツに対する評価は、**ここ数年の牛丼の値段なみの激しい下落**を見せていたのだが、もう1つだけ、最後の質問がある。犯人の居場所だ。これはまたスピリッツにとって最後のチャンスでもある。たとえ今までの予言が全て適当だったとしても、犯人さえズバリ言い当てれば名誉を挽回することができるのだ！　さあ、真の実力を見せてみろ！　最後にオレを唸らせてくれ！　頼む、スピリッツ！

「それでは、最後にもう1つだけ聞きます。僕の金を盗んだ犯人、そいつは一体」

「ううっ！　ううううう〜っ！」

「な、なんですか！　どうしたんですかっ!!」

「う……ううう……、ガクッ」

「ちょっと、スピリッツさん？　スピリッツさん！」

犯人に関するオレの質問がまだ終わらないうちに、突然ううっと呻いたかと思うと、ばあさんは床に突っ伏してしまった。一体何が起こったというのだろう？　この状態は、**もしかして！**

「どうやら、スピリッツは出て行ってしまったようだ」

「やっぱり」

…………。

終了でございます。逃げました。早々と逃げました。

とうとうなんの名誉も挽回せずに、**汚名だけを帯びて**スピリッツ様は行ってしまわれました。

ああ……なんという**予想通りの展開**。いや、予想を**遥かに下回る**ていたらくぶり。

スピリッツが言ったことは「一生懸命働け」だけである。そんなことくらいわざわざスピリツツを降臨させんでも、**ばあさんが普通に言えばいいだろうが。**

いや、というか**ぶっちゃけばあさんの独演会でしょ？**　はっきり言って、演技と雰囲気は及第点であるが、話の内容が**断食修行中の寺の朝食よりお粗末だ。**もちろんばあさんが演技をしているという証拠はないし、本当にスピリッツが乗り移っているのかもしれない。ただ、本物だとしたらスピリッツは**ただのアホである。**

ばあさんが意識を回復するのを見届け、オレは挨拶《あいさつ》とお布施をし家を出た。

しかし今日は一体何のための1日だったのだろう。オレは貴重な1日を使い、はるばる山の中へ**ばあさん変身ショー**を見に来たのだろうか？

もうオレは、予言者どころか**ジンバブエごと何も信じない。**

駆け抜ける青春

綱渡りを披露し小銭を稼ぐホームレス。以前は役所で働いていたそうだが、
人生の綱渡りには失敗したらしい。

オレはすぐさまジンバブエを脱出して、隣国ザンビアへ入った。

さらに入国早々ではあるが、今日は首都のルサカを経由し一気に国を横切り、次の国境の町チパタへ移動である。

せっかく入国しておきながらこの駆け抜け方は、あまり金を払っていないスポンサーを名前を読まずに**「ご覧のスポンサーの提供でお送りしました」**で片付けるように、ザンビアをぞんざいに扱っており非常に失礼だと思う。だが旅を楽しもうにも、オレの財布の中身は**夕張市と張り合えるくらいの困窮状態**なのである。なにより**財政再建が最重要課題**であり、観光に力を入れている場合ではない。


さて、バスの発車時刻は朝8時とのことだったが、乗り込んで30分経過しても一向に動く気配はない。日本だったらこれで遅延証明書が発行され遅刻してもお咎《とが》めなし確定のため、喫茶店で一服などして**必要以上に遅れて**会社に行ってしまう時間である。

じっとしているのもバカバカしいのでバスを降りて待っていると、やけに小さい荷物を持ったスポーツマン風の日本人旅行者が登場した。

残念ながら彼はオレとは逆方向へ向かうということだったが、なにしろアフリカの旅というのは**はぐれ刑事でも「仲間になってください」と懇願しそうなほど心細いもの**

である。日本語で喋ることができるだけでとても安らぐことができるのだ。

しかし彼の荷物はアフリカ旅行者にしてはあまりにも小さすぎる。どう見てもオレの5分の1くらいの大きさだ。まるで学期末に「今日は植木鉢を、明日は絵の具セットを……」と**1週間前から計画的に荷物を持って帰っている女子生徒の終業式当日の姿**である。もちろんオレの場合は最終日に絵の具とけんばんハーモニカとスケッチブックと道具入れと**ベゴニア**を一度に持ち運ぶという、超小学生級の**ギネスに果敢に挑戦していた。**

そして結局途中で力尽きて家に電話して**お母さんに車で迎えに来てもらっていた。**

「それにしても軽装ですねえ。これでアフリカ縦断して来たんですか？」

「いやー、実は途中で荷物盗まれちゃったんですよ。もう買い足すのも面倒だし、これだけでいいかなと思って」

「ええ！　それは悲惨ですね……。どこでやられたんですか？」

「タンザニアのバスん中なんですよ。自分、情けないことに睡眠薬で眠らされちゃって……」

「あらら……。飲んじゃったんですね……」

どうやら、彼は睡眠薬強盗に遭ったらしい。

しかしかわいそうだが、これはある意味彼の自業自得と言えるだろう。『バスの中で他の乗客からもらったジュースやアメ玉を安易に口にし、混入していた睡眠薬で眠らされ貴重品を奪われる』というのは、どのガイドブックにも書いてあるアフリカの犯罪の典型的なケース。それを知らなかったなら勉強不足だし、知っていて被害に遭ったのならただのバカなお人好しである。

　自分の身は自分で守る。移動中人からもらった物は口にしない。これ旅の常識ね。当たり前だからそんなの。

　きっと彼は**オレと違って**旅の初心者なのだろう。旅慣れた人間は所持品の管理は徹底して行い、盗難に遭うなど**到底考えられないこと**。そんな甘い危機意識じゃあ先が思いやられるぜ。

「(先輩風の口調で)それは気をつけなきゃいけませんて。まあ災難でしたけど、命は無事で良かったじゃないですか」

「そうですね。まあ荷物も減って身軽になりましたし……」

「一体何を食べたんですか？　それともジュースとかですか？」

「いや、それが、なんにも飲んでないし食べてないんですよ」

「あら～。それはあーたいけませんわ。それはさすがに僕もかばえません。さすがにこれ以上かばえません。**……へ？　なんですって？**」

「食べ物とか飲み物じゃなかったんです」

「じゃあなんで眠ったりしたんですか」

「実は、仲良くなった周りの乗客と住所の交換してたんですね」

「なるほど。してたんですね」

「それでね、自分もノートとペン渡されて、住所とか電話番号とかいろいろ言われるままに書いてたんですよ」

「ほうほう」

「**そしたらいつの間にか意識がなくなってて。**別の乗客に起こされた時には、荷物が消えてたんですよ」

「あ、あのー。その話の中のどこに睡眠薬が出てくるんですか……」

「いやー、起きてから気づいたんですけどね、指先と、あと首の辺りがものすごくピリピリしてたんですよ。よくよく思い出してみると、そういえば周りの奴らが馴れ馴れしく肩とか触ってきてたんですね。だから、ペンに塗ってあったものと、首筋あたりにつけられた睡眠薬が、**皮膚を通して**効いてきたってことだと思うんです」

「…………」

……アフリカなんて嫌いだ。

ああ、なんて素晴らしい、**日進月歩のアフリカ犯罪テクニック。**日本の最新のガイドブックでさえ追いつけないその進化のスピード。

もったいない。もしアフリカの犯罪者たちがその技術と情熱をちゃんとした科学の道に活かしていたら、今頃**物質転送装置**でも発明されているに違いない。ただアフリカには異常に蠅が多いため、人間を転送する時には十分注意しないと**ザ・フライだらけ**になるだろうが。

それにしても、こうなるともはや何に注意すればいいのかわからん。他の乗客との接触を一切拒み、黒人に親しげに話しかけられても全て無視しなければいけないのだろうか。そんなことをしたら気を悪くした黒人にイジメられるに決まっている。きっと教科書に落書きされたり、自己紹介をした後で席に着こうとしたら**不良生徒役の沖田浩之に足を引っ掛けられたりするに違いない**。

その後日本人の彼とは熱い抱擁をして別れ、再びバスの中で待つこと**4時間**。なんで朝から4時間もバスに乗っているのに、**4時間前と同じ位置**にいるんだオレは……？

結局、ついにバスが動き出したのは正午過ぎのことだった。

オレの隣に座ったのは当然ザンビア人であるが、このあたりは英語が公用語なだけに話が通じてややこしい。オレは1人で静かに過ごしたいのに。

「ハロー。なあ、おまえ中国人か？」

「いや違うよ。日本人だよ」

「ほお～日本人か～。でも日本人と中国人って全く同じ顔してるよな」

「してないんだよ!! そういう勝手な思い込みはものすごく失礼だよ。外国人に対して」

「思い込みじゃないよ。本当に見分けつかないもん。セイムセイム」

「セイムじゃないのですっ！ いいか、中国人は日本人より目が細くて吊りあがってるの。特に中国人のじいさんは拳法の達人で、ボサボサの白髪で常に酔っ払ってて鼻が赤くて、弟子がいい感じで成長した頃に必ず悪い将軍に殺されるの」

「それはおまえの勝手な思い込みなんじゃあ……」

「あと中国人は、腹の上にコンクリートを置いてハンマーでぶち壊したり、喉《のど》に槍《やり》を突き立てグイーンと曲げても平然としているんだ」

「すごいなあ。なるほど。で顔だけ見たら日本人と全く同じな」

「同じじゃないんだよっ!! あんたらは東洋人を見慣れてないからそう見えるだけ！オレだってザンビア人とジンバブエ人なんて全く同じ顔に見えるもん」

「バッハッハ!!　なーに言ってるんだおまえ？　ザンビア人とジンバブエ人なんて全然違う顔してるじゃねーか。誰だってわかるよ」

「同じなんだよっ‼　断固として同じ！」

「冗談うまいなあ、おまえも」

「………………」

普段なかなか東洋人を見る機会などないのだろう、アフリカの人から見れば日本人も韓国人も中国人もみな同じ顔であり、区別をつけるのはとても難しいらしい。おそらく、松浦亜弥になりきって「ＬＯＶＥ涙色」を歌う**前田健**も、アフリカでなら**本物のあややだと認識され**、正統派アイドルとして大ブレイクするに違いない。

「いやー、それにしてもおまえは本当に青っちろい色してるなあ」

「だって部屋の中でインターネットばっかりやってるんだもん」

「まったく情けないやつだ。オレたちを見てみろ。毎日外に出て元気に動き回ってるからこんなに浅黒い肌だぜ」

「いや、あなたたちの場合は外に出てる出てないは関係ないんじゃや……」

「関係あるさ！　オレたち黒人だって、赤ちゃんの時は白いんだぜ」

「ウソつけっ‼　アフリカに来てから白い赤ん坊なんて１人も見なかったぞ‼」

「本当だよ。これだけ暑いところにいるから、みんなだんだん黒くなるんだ」

し、知らなかった……。その肌の色は生まれつきじゃなかったんだ……。じゃあ、サンコンやゾマホンやアーネスト・ホーストなんかも、部屋でゲームばかりやってたら真っ白になってしまうのだろうか？　そうは思えないけどな……。

さて、オレたちが乗っているバスは超年代物のポンコツであり、『西部警察』にこのバスが出てきたら「あ、あのバスそのうち絶対爆破されるぞ」と**視聴者にあっさり見抜かれそうな**低予算もののため、外が暗くなると車内も**外と全く同じレベルの暗さ**になる。暗過ぎておそらくこの暗さからして、現在時刻は夜の9時といったところではないだろうか。暗過ぎて腕時計すら見えないため定かではないが（涙）。

尚、他の乗客も全員闇に同化しているため、バスの中でさえ1人でいるような錯覚に陥り不安を煽《あお》られる。

か、帰りたい……。目をつぶって、次に目を開けたら東京の自分の部屋だったらいいのに。こんな辛い旅なんて、**全てが夢だったらいいのに**。よし……試しに目を閉じてみよう。そして、懐かしい日本の暮らしが思い浮かんだ時にふと目を開けてみよう。

……おおっ！　あ、あれっ？　オレついさっきまでアフリカを旅行中だったはずなのに！　なんだこの景色は？　**こ、ここはもしかしてっ!!**

…………。

ザンビアだ。間違いなくザンビアだ（号泣）。

結局、予定時刻を**9時間ほどオーバーして**、バスは国境の村に着いた。ちなみに途中の検問で荷物検査があり、乗客の1人が「爆発物」と書かれた木箱と一緒にどこかに連行されて行ったが、この件については**深く考えると恐ろしくなってくるので何もなかったことにする。**

それにしても、予定では2時到着のところ現在**夜の11時。**別に渋滞に巻き込まれたわけでもないのに（渋滞どころか車を見かけたのはせいぜい1時間に1台だ）、この遅れ方はなんなんだろうか。1時間2時間ならまだしも9時間もの遅れでは、**たとえ徳川家康でも待ちきれずにホトトギスを絞め殺すことだろう。**

しかしこんな時間に宿を探してウロウロ歩き回れないだろう……。田舎は都市部と比べてまだ治安が良いとはいえ、さすがに深夜ともなれば暗闇に乗じて極悪人が登場しそうだ。せめてバス側で正式な遅延証明書を発行してくれれば、強盗に見つかっても、

「オーイにいちゃん！　ちょっと待てや。おまえ高そうな荷物持ってるじゃねえか」

「あひゃ〜っ!!」

「外国人がこんな夜遅くに出歩いちゃいけねえなあ。**命が惜しけりゃ持ち物全部置いてきな！**」

「あひゃ〜〜〜〜〜っ（涙）!!　あああの、決して僕自身の意思でこんな時間に外を歩いているわけではないのです。実はバスの到着が遅れてしまいまして……ほら、ここに遅延証明書があります」

「なにぃ？　遅延証明書だあ？……ふんふん。じゃあしょうがないな。よし！　行ってよろしい！」

「た、助かった……。どうもありがとうございます」

「いえいえ」

なんてことに、**絶対ならないだろうな……**。

たとえ強盗が出ないとしても、チンタラ歩いていたら家路を急ぐ象になぎ倒されたり、ライオンの晩酌のつまみにされる恐れもある。なにしろここは**ザンビアとマラウィの国境**だ。野生動物が**いてこそ**ではないか。しかも強盗と違い象やライオンの方が「金はやるから命だけは助けてくれ！」という**命乞いが全く通じない**分、よっぽど恐ろしい。

ちなみにライオンが欲しいのはオレの肉体のみであり、片や強盗が狙うのは体以外の部分全てだ。「オレの捕獲」という点で、ライオンと強盗の**利害が一致している**ではないか。

組まれたら非常に厄介だ。

しかし幸いなことに、親切なバスの乗務員がうろたえるオレを見つけ、わざわざ近くの宿まで搬送してくれた。いやー、よかった。バスの中の会話で「やっぱりザンビア人って、**ジンバブエ人とかと違って**スマートな顔してるよね」と最終的に**長い物に巻かれ**お世辞を振りまいておいたのが功を奏したようだ。

その宿は1階部分がバーになっており、通路には売春婦だと思われる毒々しい女性が立ちんぼ、従業員は目の焦点が定まっておらず、ほとんど**ならず者の巣窟**《そうくつ》といった感じの建物だった。

もちろん本来はこんな所に宿泊などもってのほかで、オレは**こじゃれたレストランで突然お店の好意により誕生日を祝われた時**のように、**今すぐにでも逃げ出したい気持ちでいっぱいだった。**だが乗務員の好意を無下にするわけにもいかないし、これからまた重い荷物を抱えて宿を探して歩き回ろうと思っても、**いくら脳の命令とはいえ、**今回ばかりは手足が拒否するであろう。現在オレの体は**反抗期**である。

オレは裸電球のぶら下がった監獄のような部屋に閉じ籠《こも》ると、着替えもせずにすぐにベッドに倒れ込んだ。朝から何も食べていないが、この宿の中でさえフラフラ出歩くのは恐ろしい。

今頃隣の部屋では、葉巻を咥《くわ》えたボス黒人どもが**人身売買**に精を出しているはずだ。見つかったらオレも¥19、800くらいの**激安価格**で売りに出されるに違いない。肉体労働をさせたら数日で潰れる貧弱体なため、**破格**の値段である。イチキュッパでもまだ割高感があるということで、**15％のポイント還元と1年保証もつきそうだ。**

オレは恐怖におののき、荷物を抱えながら眠ったのである。

翌朝目覚めた時には、宿は前日の賑やかさがウソだったかのように静まり返っていた。うーむ、あれは**ウソだったのだろうか??**　オレはすぐに荷物をまとめ、コソーリと宿から這い出し、国境へのタクシーが出ているという広場へ向かった。

広場に着いたもののどうしていいのかわからず、現地人におちょくられながらしばらく右往左往していると、革ジャンにサングラス、そしてボウズ頭に大きな傷という、今までの人生で**累計30人は殺していそうな**人相の悪い黒人が声をかけてきた。一体何が起きるのだろうか。**オレが31人目になるのだろうか（涙）**。

だが心配とは裏腹に、彼は人さえ殺しているが、その正体はれっきとしたタクシードライバーであった。殺人ドライバーの言うことには、国境に行く人間を集めており、オレで丁度所定の人数になるということだった。喜び勇んで彼についてタクシーに乗り込んだオレだったが、しかしその所定の人数はあまりにも道路交通法を無視していた。

みんな、普通のタクシーをイメージしてみてほしい。日本の道を走っているごく普通のタクシーだ。そして、そのタクシーに**マイク・タイソンが9人乗っているところ**を想像してみてほしい。**……どうだ、想像できないだろう。**おれも想像できない。しかし想像はできないが、**実際に乗っている。**

このまま日テレの世界びっくり大賞に出場したら、貝の中から登場する恒例の**世界一のギネス級巨乳**にも勝てそうな気がする。近江俊郎先生が喜んでつっつきそうだ。もしこれ以上人を詰め込もうと思ったら、一旦手足をバラバラにして空いているスペースに入れ、国境に着いてからみんなで組み立てなければならないだろう。

国境まではほんの30分ほどであったが、到着する頃には圧力により肝臓や小腸が口から出てくる寸前であった。実際出てた人もいるし。

マラウィへの入国はビザもなしであっさりと行え、そこからは更に乗り合いバスで1時間ほどで首都リロングウェへ到着した。バス乗り場近くの安宿にチェックインし、すぐに銀行へ向かい両替をする。マラウィの通貨単位はクワチャだ。

…………。

国名がマラウィ、首都がリロングウェ、通貨がクワチャ。**……そんな国になぜ来てい**

るオレ（号泣）。

クワチャなんて言いづらいというレベルを通り過ぎ、**辛酸なめ子レベルの無茶苦茶なネーミング**である。およそこの国は、正常な日本人が海外旅行として選択する場所ではない。例えば、

「ねえユカリ、次のGWどこ行こうか？」

「そうね、2年続けてヨーロッパだったから、今度は違うところがいいわね」

「それもそうね。じゃあ、**マラウィとかどう？**　マラウィのリロングウェとかいいんじゃない？」

「いいわね！　私も次はマラウィかコモロ連合かどっちかかな、って思ってたの！」

「えーっ、すごい偶然！　じゃあ決まりね！」

「うん！　今日帰りに三越アルコットにチーズケーキ食べに行かない？　その後ルミネの両替屋で円を**クワチャ**に替えておこうよ！」

「行こう行こう！」

などという会話がＯＬの間でなされることは、**もしもボックスで違う世界を作らなければあり得ないだろう**。はっきり言って、日本人の99％はこの国の存在を知らずに人生を終えるのではないだろうか。だいたい、**中国旅行とマラウィとどういう関係があ**

るんだ（号泣）。

しばらく商店街を散策したあと宿に戻ろうとすると、オレの前にノラ動物が現れた。こんな首都の住宅街にもノラ動物がいるところがさすがアフリカである。

今までよく見かけたのはノラ犬、ノラ猫、ノラヤギなどであったが、ここマラウイの場合はノラ、ノラ、ノラ……

おまえノラ何だ？

牛じゃないなあ……こんな犬もいないし。

「な、なんだ？　おまえ……？」

「…………」

「？」

「ブオ――――ッ！」　ドドドドドドドドドドド

「ぎやああ〜〜〜〜〜〜〜〜〜〜っ!!」

あまりにしげしげと顔を覗き込んだためか、もしくは初対面なのに夕メロで話しかけたためか、ノラ何かは気分を害して**いきなりオレに向かって突進してきた。**助けてくれーっ!!

必死の形相で宿へ逃げ込むと、さすがにノラ何かは敷地までは入って来ない。おそらく門の前にある**「宿泊者以外立ち入り禁止」の看板を見たのだろう。**

それにしてもあのノラは何だったのか。もしかして、アフリカで生きていくため**着ぐるみに入って強がっているノラ犬だったりして……。**

たまたま国境からの乗り合いバスで一緒だった、ザンビアから出稼ぎに来た黒人さんがいたので聞いてみると、「よくわからんけど、多分このへんのローカルな動物なんだろう」ということだった。なるほど。一般的な動物名でくれない**ローカルな動物**がいるというのも、まさにアフリカの醍醐味《だいごみ》なのであろう。

さて、その夜オレは宿の敷地にあるバー兼食堂へ夕飯に出かけた。騒ぐ黒人を尻目に、いつもそうしているように1人さみしくチマチマとポテトをつまんでいると、すぐ目の前の照明の下を、無数の黒い物体が飛んでいるのが見える。あれは何だ？

…………。

蚊だ。
あの音、あの形、あの飛び方！　そしてあの数！　こんな数の蚊を一度に見たのは人生で初めてである。おえ〜っ！　気持ち悪い!!

オレは普段から圧倒的に蚊に刺されやすい体質である。小学校時代、近所のご学友と近くの山へパーマンごっこをしに行った時、学友はぜんぜん平気だったのにオレだけが**全身をめった刺し**にされ、常に体を掻《か》いていたため役に集中できず、登場シーンが少ないパーマン4号役をやらされるハメになったことがある。

それからも夏になると蚊と戦うことに全力を尽くし、夜中に蚊の羽音を聞いたら絶対に自分の手で殺すまでは寝られないという、運命に逆らえぬ悲しい体質になってしまったのだ。

大量の蚊を前に食欲もなくなり、オレはそそくさと部屋に戻った。だが部屋の電気をつけ、ベッドに座り込んだ瞬間、オレは何かの気配を強く感じた。

……いる。

いる、**いる、いるいるいる!!**

蚊だ〜っ！　ここにも！　そこにも!!　あそこにも!!　**オエ〜ッ**

冷静に見てみると、視界の中を必ず2、3匹は蚊がフラフラと舞っている。**見回せば蚊、見渡せば蚊**、である。部屋の中には少なく見積もっても30匹はいるであろう。

オレは暴れた。こんな殺人的な状況があろうか？　ただ蚊がいるだけではない。アフリカ、特にマラウィは**マラリア**の大流行地帯である。マラリアは蚊に刺されることによって発症するため、これはまさに名実ともに殺人的といえる状態なのだ。

暴れながらもオレは荷物の中から近代兵器であるキンチョールを取り出し、**すぐさま戦闘状態に突入した**。もはや狙い撃ちなどという相手を思いやった攻撃はできない。無差別爆撃である。オレは空中に向かって数十秒間、毒霧を噴射し続けた。

………。

終わった。またあたら罪のない命を奪ってしまった……。

しかし仕方がない。やらねばこちらがやられるだけだ。敵の姿を見て一々躊躇《ちゅうちょ》していては、命がいくつあっても足りないのだ。

これでやっと安心して眠れる。宙を漂うキンチョールの煙にむせび咳《せ》き込みながらも、オレは蚊のいない平和を噛みしめつつ横になった。

………。

プ～～～～～～～～～～～～～～～～～～～～～～～～ン

い、いるっ！　**いるいるいるいるいるいる‼**

なんだ！　どうしてだ！

うぎゃ――――――っ‼　窓にぽっかり出入り口がっっ！

閉めてあるはずの窓からガラスをすり抜けて超能力蚊が入ってくると思ったら、ただガラスが割れているだけだった。

入ってくる！　次から次へと入ってくる‼

これではいくら近代兵器をもってしても、敵の物量作戦の前にはいずれ敗れ去ってしまうだろう。くそ……栗林中将、僕に力を貸してください……。

しかし、死を賭《と》して敵に挑む勇猛心こそあれど、ここは連合艦隊の援護も期待できないマラウィ。こうなったら備え付けの蚊帳《かや》にくるまりじっと耐えるしかない。オレは南アフリカで出会ったカップルに使い古した蚊帳をもらっており、何箇所か穴は空いていたものの、そこを厳重に縛ることによって一応のシェルターを造ることができた。

蚊帳の中でなんとか眠りにつこうとがんばってみる。

プ～～ン……

音が、蚊の羽音が四方八方から迫り、そして**一瞬たりとも途切れない**。結界の中に入っているオレに奴らは手を出せないということはわかっていても、このイィ～～ンという音を聞かされ続けるのは**拷問**である。熱帯夜に一瞬耳元でささやかれるだけであれだけ苦しいのに、それがノンストップのエンドレス。ジャイアンの歌、もしくは**しずかちゃんのバイオリン**を一晩中聞かされ続けるような気分だ。

ん？

か……かゆい！　刺されたっ!!　**やられたあっ!!**

なんということだ。蚊帳にすっぽり入っているというのに、網と体が接触している部分、その僅かな部位を狙って蚊帳越しに奴らは毒針を突き刺してきているのだ！　くそ、この定まらぬ小さな的に対し那須与一のような正確無比な腕前。敵ながら天晴《あっぱ》れでござる！

……もう許さん！　ぬあ～～～っ!!　おまんら、許さんぜよっっ!!!

大量蚊破壊兵器、日本製蚊取り線香じゃっっ!!! どりゃあ〜〜〜! 2連着火! 我が日本製蚊取りのぉぉ殺虫力はァァァ世界一ィィィ!!

所詮4畳半程度であろう狭い部屋、そこにもくもくと煙り立つ蚊取り線香はまさに最終兵器であった。ものの5分で毒ガスは部屋に充満し、羽音が一気に止む。窓の穴から侵入してくるニューフェイスもこの殺人的な空気には耐えられず、**バミューダトライアングル上空に突入した航空機のように次々と落ちて行く。**

……そして残ったのは、静けさと息苦しさだけであった。

オレはついに安眠を勝ち取ったのである。いや、煙で**苦しくて眠れないが、**それでもこれは人間の、文明の勝利といえよう。

オレは疲れた。

アフリカの旅

シカゴハイスクール時代のモーガン・フリーマンとサミュエル・L・ジャクソン。

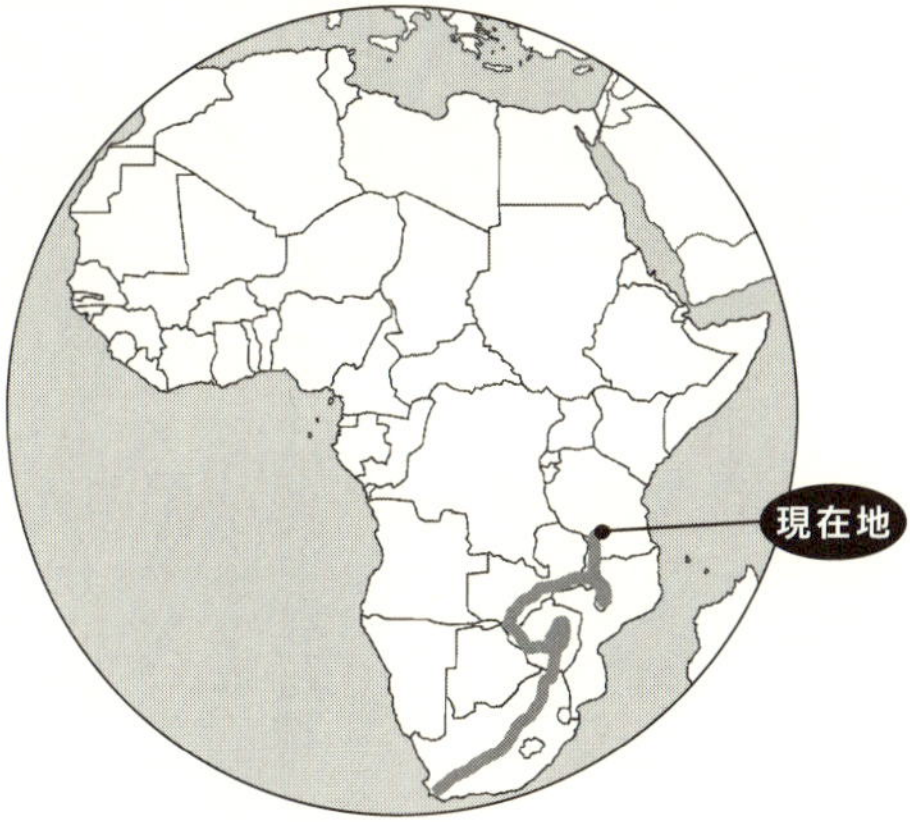

貧乏。ああ、なんて懐かしい言葉なのかしら。

節約。ああ、なんて庶民的で健気な活動なんでしょう……。

お金って、なんて素晴らしいものなんでしょう。整った顔立ちだって学歴だって、お高くとまっているあの人の心だって、お金さえあればなんでも手に入ってしまいます。お金なくして幸せなどありません。この世に、お金で買えないものなんてないんです。

そう、そこのあなた、いいこと言ったわね。そうよ？　その通り。お金なんて、使うため、**ただそのためだけにこの世に存在するのよ！　お金のない人生なんて、シールの入っていないビックリマンチョコのようなものなのよ‼**

いくらでも好きなだけ使えばいいのよ！　なんでも思うまま買えばいいのよ！　**パンがなければケーキを食べればいいのよ‼**

……さて、このように独り言の中に自然に王妃マリーのフレーズが出てしまっていることからもわかるように、オレは今、アブダビ国王なみの大金持ちである。今朝、リロングウェの南、ブランタイヤの町でトラベラーズチェックの再発行を受けたオレには、森の木々、道端に咲く草花、全ての命ある物が昨日までとは違い生き生きと、そして鮮やかに色づいて見える。

なにしろ意気揚々とアフリカにデビューしてわずか1週間で盗難に遭い、一時は**全所持金が4ドルになった男**である。

よーく聞くがよい。昨日の夕食を終えた時点でオレの残りの所持金は300クワチャ、**日本円にして400円**であった。もはや貧乏ではない。**無**だ。**無我の境地**である。世の中に旅行者は数多しといえど、帰りの航空券もカードもない状態で所持金が400円という状態を経験した人間はあまりいないのではないか。

ここに来るまで、人生に絶望して手首にカッターをあてがったことも1度や2度ではない。同部屋になった白人女性のパンツを盗みたい衝動に駆られたことも2度や3度ではない。

しかし、もはやそんなことをする必要はない。現金で持っていた10万円超こそジンバブエのカス泥棒にくれてやるハメになったが、しかしこれで少なくともアフリカから脱出する資金はできたのだ！　これでは、誰もオレが金持ちだという事実を否定することはできないだろう。およそ20m歩くごとにオホホホと笑っているということもあり、後ろ姿だけなら**白鳥麗子と間違えられてもムリはない**。

今まで応援してくれたチビッコたち、ありがとう！　そして**テレビの前のみんな、ハラハラさせてごめんな！　オッス、オラ悟空！**

この日オレはミネラルウォーターで顔を洗ったり、食堂でコーラをお代わりするなどの**全盛期の平清盛も真っ青な贅沢《ぜいたく》**をし、夜は宿で飲めや歌えやの大騒ぎをしていた。いつものように1人で。

さて、その日宿泊したのはベッドの並ぶ大部屋であったのだが、夜中なんだかゴソゴソいう物音に目覚めると、白人女性が暗闇の中で必死に**大量蚊破壊兵器**マラウィ製蚊取り線香に火をつけているのが見える。おそらく寝ている間に5万箇所ほど刺されたのだろう、ライターを持つ手は、抑えようのない怒りで打ち震えていた。

全部で12人分のベッドがあるこのドミトリーに現時点で泊まっているのは、オレと白人旅行者の彼女の2人だけ。本来ならば蚊軍団の攻撃には2人で協力して対処するはずなのだが、オレだけ早々に完全防備の蚊帳の中に逃げ込んでしまったため、若い彼女が自らの体を張って**たった1人で全ての攻撃を受け止めている。**弁慶や典韋《てんい》の立ち往生を思い出させる、壮絶で感動的なシーンだ。

……ありがとう、見知らぬ白人女性。オレは、**きっとあなたが体を張って守っただけの男になってみせる。**

翌朝目を覚ましてみると、彼女の姿は消えていた。戦いに疲れて出て行ってしまったのだろうか。それとも、蚊の軍団にどこかへ運ばれて行ったのか。いや、単に**吸われすぎてペラペラになっているだけで、**案外シーツをめくったらヒラヒラと登場するのかもしれない。もしそうなら丸めてリュックに挿して持って行くのだが……。

ということで、そろそろ出発の時間である。今日のバスで再度北上、マラウィを縦断し、一気に国境近くの街ムズズまで向かうのである。

発車を待つバスには、子供・大人入り混じった物売りが殺到している。オレの座っている窓際にも、お菓子やドリンク、帽子や傘などを売る少年が外から張り付き、なんとかして窓を開けさせようとしている。彼らの扱っている商品は実に多様性に富んでいて興味深いのだが、1人の物売りのオヤジにオレは言いたい。

誰が女物のワンピースをバスの窓から買うんだよっ!!!

なぜかオヤジは子供用のピンクのワンピースを**1着だけ**持って、窓の外から必死でオレに買うように勧めてくる。あんた一体オレのどこを見たらそれを買う可能性があると思うんだよ……。いや、**ある意味鋭い**が、さすがにそこまで変態じゃないぞオレは……。

国境の町ムズズは、魔王パズズを連想させる実に悪魔チックで珍妙な名前である。この町はマラウィ北部の基点となる町ではあるようだが、だからといって特にこれといったものは何もない。特に魔王などもいないようだし、やはりこうなったらすることはひとつ。宿に籠るしかないだろう。

ところで、ここまでまだアフリカのトイレ事情について書いていないのであるが、基本的にアフリカ南部で使うのはどのようなトイレかというと、意外にも洋式トイレである。とはいえ、通常の洋式便器と少し違うところは、**便座がない**トイレが多いということだ。

この日も宿のおねえさんにトイレの場所を尋ね案内してもらうと、その洋式便器にはやはり便座がなかった。オレは常々々々（つねづねづねづねと読みます）ずっと気になっていたことを、遂に彼女に聞くことにした。

「すいません、この便器、便座がないじゃあないですか。こんなところに腰かけたら通常は**汚くて死にますよね？**　女の人とかこれでどうやって用を足すんですか？　もしこの聞き方で**気分を害されるようでしたら**、男が大をする時にということでも結構です」

すると彼女は、「なーにあなた洋式トイレの使い方も知らないの？　野蛮人ねえ」と言いながら、こうするのよ！　とガバッとスカートを捲《めく》り上げ、便器の縁《へり》に両足を乗せてむこうを向いてしゃがみ、タンクを摑《つか》んで排泄ポーズを見せてくれた。

おおおお……

こ、これはすごいサービスだ。

いやあ、**お願いしてみるもんだなあ（涙）**。女子トイレに興味を覚え始めてから**苦節26年**、アフリカの地で遂に生の女性の放尿シーンが見られるなんて……。いや、まあおねえさんスカートが長くて気になるところはきっちり隠れてるから、本当の生とはちょっと違うんだけど……。生のようで生でない、**民放のバレーボール中継みたいな微妙な生っぽさね**。まあでも、それでも見ていて**十分エキサイトできるからいいよね**。

しかし、アフリカの人たちは洋式便器を輸入する時に**使い方を聞かなかったのだろうか**。もとい、そうやって座りたいなら**洋式ではない便器を輸入した方が**断然やり易いと思うのだが……。

当然一介の旅人のオレが彼らジモティーのような器用な座り方ができるわけがない。まず第一に**バランスが取れずに落ちる**ことが十分考えられる。内側にはまればもう**死んだも同然**、たとえ外側に滑ろうともその時かならず体のどこかの部分が便器にじかに触れ、**汚物やバイ菌との自由なハーモニー**を奏でることになるだろう。

それに、あの細い陶器の部分に足を乗せて座ったら、突然バキバキバキと**便器崩壊**が起こるシーンが容易に頭に浮かぶ。

「すいません、僕このトイレじゃ座れないんですけど……」

「は？　なんで？」

「あのですね、日本人の場合、洋式トイレを使う時は便座がここにあって、それにこうやって座ってするものですから……」

「ああ、そうだったわね！　あの**フタみたいなやつね？**　それじゃあ、たしかこっちならついてたハズよ」

そう言うと彼女は、別のトイレまでオレを連れて行ってくれた。たしかにその便器には、**数年前に上げたと思われる便座**が洋式便器から垂直に突き立っていた。ねえちゃんはその**文明人の命綱**である便座を、ギーギーいわせながら元にもどしてくれた。

「へーコラ。これで大丈夫でしょう？」

「わざわざすいません。これなら安心して座れます……って**オエ〜っ‼　きたな〜‼!**」

4半世紀ぶりにセットされたその便座の上には、おそらく**アレ**が固まったものだと思われる**黄色い粘着質の物体が、ベチョ〜ン**とへばりついていた。

会社の女子トイレですら使用前には必ずトイレットペーパーで便座を拭くオレがこんなところに座ったら、本来のオレは姿をくらまし、ビリー・ミリガンで有名な**第2の人格が出現するだろう。**

「へいへい!! これじゃ汚くて座れないよ！　なんとかして！」

「そうねー、わかったわ」

心得顔で言うとおねーさんは、脇にあった**便器掃除用の柄の付いたタワシのようなもの**を手に取った。そして一旦それを**便器の中に溜まっている水にピチャンと浸すと、そのまま便座をゴシゴシ擦《こす》って黄色を中和させた。**

「さあ、これでキレイになったわよ」

「ありがとう優しいおねえさん♪　これで安心してネッチョリ座れるね！　って**座れるかっ!!**」

「座れるじゃないの。ちゃんと拭いたんだから」

「便器用のタワシで便座を拭くなっ!!　普段どんな掃除してるんだよ！　姑の顔が見たいわっ!!」

「なによ！　自分のアパートのお風呂マットを半年も洗わない人に言われたくないわよ！」

「なんだよ！　風呂のマットは毎回シャワーを浴びてから使うんだから、洗わなくたっていつまでもキレイなんだよ!!」

オレはその日はひたすらトイレを我慢し、次の宿には清潔な便座があることに賭けてなるべく食物の摂取を控えるのであった。

翌日再び乗り合いバスで小1時間、ついにタンザニアとの国境に辿り着く。ドアを開け、荷物に手をかけ1歩地面を踏みしめると……


「ヘーイ！　マダム!!　マネーチェンジ??」

「マダム!!　タンザニアンマネーッ!!!」

「エクスチェンジ!!　マネー!!!」

「ハウマッチ!?　ハウマッチマネーユーハブ!!!」


しょえ〰〰〰〰っ!!!

黒人がっ!!　黒人が10人から迫って来る!!!


バスから降りたオレを取り囲み大迫力の音声多重サラウンドを作り出しているのは、国境に必ず出没するマネーチェンジャー軍団だ。とっさに木を背にして背後に回られないようにしたのだが、どんどん押されるものだから木の幹に押し付けられて身動きが取れない。おもしろがってやって来た子供のちびくろサンボ達も**わけがわからないまま混乱に巻き込まれ押し潰されている。**ちょっと気の毒だ。

しかしマダムとはなんだ。**オレは男だ。**女に間違えられたことなんて小学生以来である。たしかに**男は全員丸刈り**と校則で定められている硬派なアフリカで、このうるおいヘアーは多少の色気を振り撒いてしまっているかもしれないし、彼らに恋心を抱かせてしまったとしても無理はないと思う。だがオレは小学校を出てからはずっと男だし、時々友人と集まって合唱をする時もパートはテノールである。歯医者に行っても3回のうち2回は全く泣かずにいられる、**決して涙を見せない男の中の男に対してなにがマダムかっ!!**

あまりに激しく迫られ怖くて少し泣いてしまったが、泣きながら**体を左右に激しく回転させると**少し囲みが解け、そこから逃げ出すことができた。いやー、**バイオハザードで練習しといてよかった。**

追っ手を全て振り切ったところで、国境の小さな事務所で入国用紙に必要事項を記入し、パスポートにスタンプをもらう。

よ〜し……。5カ国目！　タンザニアだ！　素晴らしい！　タンザニアなら聞いたことがある!!　いや〜、なんかマラウィを旅した後だと、**知っている名前の国というだけで幸せに感じるね。**

次の町に向かうため国境の乗り合いバスの中で待機していたのだが、ふと視界の隅に動く物があったので見てみると、なぜか窓の外から黒い手が伸びてきて、**オレの抱えているリュックを開けようとしている。**

おおいっ!! なんだこの手はっっ!! こいつめ!! こいつめっ!! ピシッ! パシッ!

悪い手を捕まえようと必死になっているうちにバスは発車、3時間後には無事タンザニアの入り口であるムベヤの町へ着いた。油断できないなしかし……。

「ヘーイ! マダム!! 明日はどこ行くんだい? バスのチケットとってやるぞ!」

「マダムじゃねーってんだよ!!! オレは男だっ!! たくましい男性だ!! この筋肉を見ろ(上腕二頭筋を強調するダブルバイセップス)!!」

「お、オー、ソーリーソーリー……しかし貧相な体だな……」

「なんだとこの野郎! やるのかこの野郎(大胸筋の厚みをアピールするサイドチェスト)!!」

バスを降りると同時に迫ってきたうるさいのは**ボディビルの力強いポージング**で威《い》嚇《かく》し追い払い、オレは1人食堂へ入った。

ジンバブエ以降のアフリカでは、メシといえば27回中25回はビーフシチューである。フライドポテトや、トウモロコシを練って作られたウガリという主食が一緒につくのだが、とにかく毎食毎食ひたすらビーフシチューを食っており、昨日などはホームシックにかかり号泣したら目からシチューがこぼれたほどだ。

しかもそれだけではない、トイレに行くとなんと**尻からも**シチューが出て来たのである！　と思ったら**ただの下痢だった**。

それにしても、もう最近は牛に足を向けて寝られん。そしていつか天国に行ったら、**牛に集団リンチをくらうだろう**。

さてその夜12時頃、オレは暗闇の中、トイレに起きた。今日の宿のトイレは和式とほぼ同じ中東式である。

ここの便所の個室は妙にドアの立て付けが悪く、開けるのに相当な力がいる。若干寝ぼけながらもオレは一生懸命ドアを押した。くそ……固いな……。このドアめ。よ〜し……オレの美しい上腕二頭筋が、ひとたび力を込めれば雄牛なみの荒々しさを見せることを思い知れ！　いくぜ……せーの、**どりゃーっ!!**

グワ〜ン

よっしゃ！　開いたぜっ!!

……あら？

「(若い白人女性が必死にパンティーを上げながら)**へ、ヘイッ!! ファット、ファットなんとかペラペラペラ(汗)!!**」

しょえ〜〜〜〜〜〜〜〜〜〜〜〜〜〜〜〜〜〜〜〜〜〜〜〜っ!!

「そ、ソーリーソーリーソーリー!」 バタッ　スタタタタタ(逃亡)……

は、入ってたんですねっ!!
ドアが固かったのは、鍵をしていたからなんですねっ!

うーむ。**若い女性が用を足している個室にドアをぶち破って侵入してしまった。**これはひょっとして、**変態行為なのではないだろうか?** やばい、あの姉ちゃんがアメリカ人だったら、訴訟を起こされて**63億円**くらい損害賠償請求されるかも……。

しかもあまりに突然で、**ちゃんと見るべきところを見られんかった（号泣）**。ああっ、せっかく昨日に引き続き生の放尿シーンのチャンスだったのにっ!!　しかも今回は本当の生だ！　**本生だ!!**　ああ、神様、**部屋に戻ってカメラを取って来ますから、5分だけ時間を戻してください。**

………。

しかしこれ後々問題になったりしないだろうか？　一応素早く逃亡したため身元はばれていないと思うが……。どうやら彼女はオレの隣の部屋の宿泊客らしく、しかも男と2人で来ているようだった。

こっそり壁に耳をつけて話を聞いてみると、やはり女性の方が**「ヘーイマイケル！リッスン！　あたしがトイレにいる時にヘンな東洋人がドアを破って侵入してきたのよ！　アイキャントビリーブよっ!!」**などと興奮冷めやらぬ状況だ。

一瞬オレは素直に謝りに行こうとも考えた。アメリカの初代大統領ワシントンも、幼い頃お父さんの大切にしていた桜の木を切ってしまった後、正直に名乗り出たことによって逆にお父さんに褒められ、その話は模範とすべき逸話となっているではないか。オレも「すみません、**さっきドアをぶち破ってあなたの排泄シーンを見たのは僕です**」と名乗り出れば、**逆に褒めてもらえるかもしれない。**

と思ったが、褒めてもらえるのと**告訴されるのと五分五分**だろうな……。その夜は**パンティーを上げながらオレをなじっている白人女性の下半身**の光景が頭にこびりつき、興奮で一睡もできないのであった。

翌日は寝不足のままバスに揺られ荒野を15時間、タンザニア最大の都市、ダルエスサラームへ向かう。

愛と悲しみの流刑地

おにいさんと楽しいことしようよ、と部屋に連れ込もうとしたら父親に見つかって取り押さえられました。

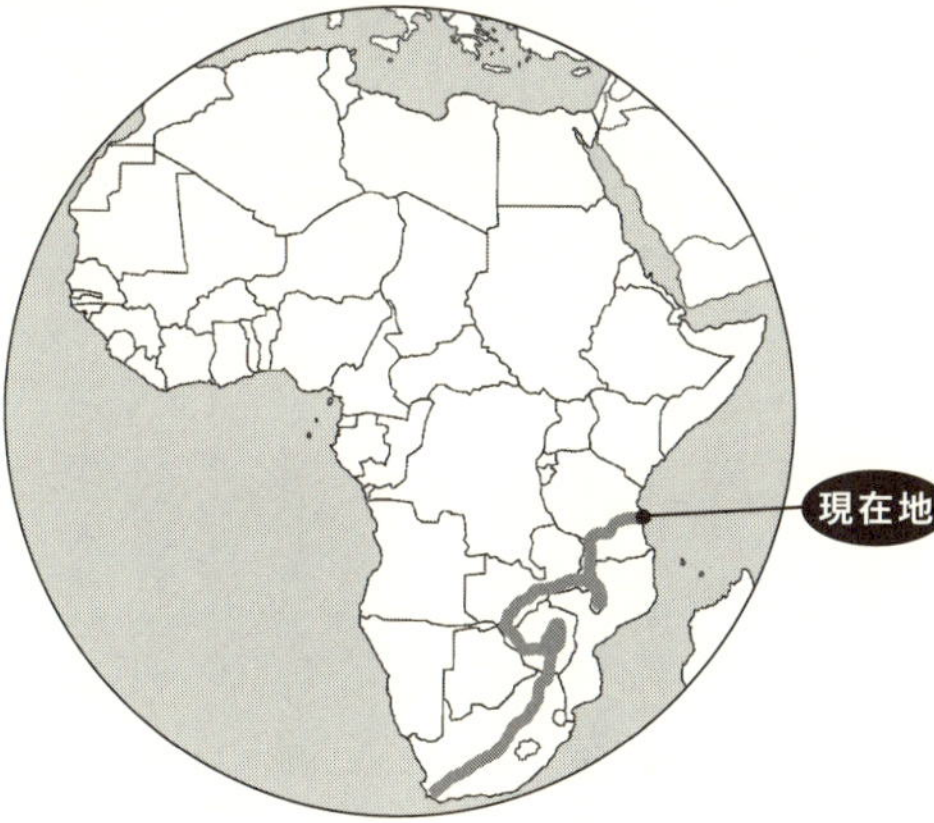

「ヘーイツヨシ！　迎えに来たぜ！　準備はいいか？」

「うむ。イマノエルか。よいぞよいぞ」

「ＯＫ！　さあ行こうぜ！　ドキドキの冒険をしに！」

「行こう！　胸いっぱいの冒険をしに！」

ダルエスサラームの宿でくつろいでいるオレを夢いっぱいに迎えに来たのは、イマノエルという旅行会社の手先である。これからオレは、フェリーに乗って魅惑のビーチと世界遺産「ストーンタウン」のある島、ザンジバルへ渡るのだ。

縦断のルートから外れている島にわざわざ旅行会社のエスコートで1泊2日の観光に行くなんて、「花より男子」の中でF4として活躍していた頃のオレを知っているみんなは少し意外に思うかもしれない。

しかしもうオレはあの時のオレではないのだ!!　金が戻ってきた今、もはや駅前でもらう「初回の方のみ500円引」のチラシを適用させるために**毎回違う美容院に通う必要もないし**、クリアしたゲームをちまちまヤフーオークションで売り、そのたびにゆうパックを発送に行くものだから郵便局の人たちに顔を覚えられ、気まずいので「この前はあのお姉さんにやってもらったから今日はこっちの新人さんの方に並ぼう」なんて**並ぶ窓口に気を遣う必要もない**。たまに「お待ちの方こちらへどうぞ～」と声をかけられていつもの人の窓口にしぶしぶ移動すると、**「チっ、またこいつかよ……」**と**盗撮魔を見るような顔**をされてその日1日どんよりとした気分になることもない。

って**うるせえんだよこのボケ!!**　とにかくオレは金持ちなんだ！　旅の資金が戻ってきた今、もはやケチケチする必要などないのだ!!　**もう誰にもつるピカハゲ丸なんて言わせねえ!!**

金はあらかじめこのタンザニア人コーディネーターのイマノエルに払ってあり、彼が現地の迎えや宿の手配なども全て行っている。どうだ。**この秦の始皇帝をも連想させる贅沢待遇。**　そんじょそこらの大リーガーではここまでの豪遊はできまいて。

ということで、イマノエルに連れられ、オレはダルエスサラームの中心部からすぐのところにある埠頭へ向かった。

「よし、じゃあここからフェリーに乗るんだ！　島に着いたら向こうのスタッフがホテルまで案内するからな！」

「うわっははは！　ご苦労であるな！　ほれ、はした金のチップじゃ！　これで焼きとうもろこしでも食うがよい！」

「サンキューサー！　じゃあ楽しんでこいよ!!」

イマノエルがご機嫌で帰って行くと、オレという始皇帝を乗せたフェリーは、黒人労働者が積み込む燃料や工業製品で満載になった後、港を離れてインド洋へと漕ぎ出したのだった。
沖に出てほんの数十分で陸の姿は遠く霞み、いつの間にか船は360度、点々と浮かぶ島と水平線に囲まれていた。
ああ、この心地よい潮風、優しい波音……。

ザパ〜ン……
ザッパ〜ン……

…………。

オエ〜〜〜ッ‼

き、気持ち悪り〜〜〜〜〜‼　脳が、脳が揺れている〜っ（泣）。横に、横にならせてくれっ！　気持ち悪い！　助けて！　吐くっ！　吐くぞっ‼　くそ〜、フェリーで船酔いするなんて事前説明は受けてないぞ‼　こんなの聞いてない‼　契約違反だっ‼　クーリングオフさせろっっ‼!

青い空、青い海、そして心地よい潮風とは**一切関係のない船室中央の固い長椅子の上で**、オレは到着までの約6時間、苦しみに呻き瞳孔を開いて横たわっていた。

ザンジバルの港に着いた時、すでに夕陽は大陸の方角へ沈んでおり、オレは**船底で発見された死体とほぼ同じ顔色**になっていた。隅で1人戦っていたため他の客には見られていないが、もし到着前に誰かに見つかっていたら、**「船内に急病人がいます。お客様の中にお医者様はいらっしゃいませんでしょうか」**という**船内緊急放送**が流れるハメになっていたに違いない。手遅れの場合は証拠隠滅のため荷物と一緒に海に捨てられていただろう。

タラップを降りる時も意識は朦朧《もうろう》とし、その歩き方は**『パイレーツ・オブ・カリビアン』のジョニー・デップを髣髴《ほうふつ》とさせるフラフラのグテグテ状態**であった。乗客の一番最後、大トリで船から降りて来たということもあり、間違いなく周囲のタンザニア人はオレのことを**伝説の海賊**だと思ったことだろう。

ちなみにオレは地元民の注目を浴びながらタラップの途中で**海に向かって吐き**、さらにそのまま海に落ちそうになったが、それも含めて伝説、今日から始まる**オレのレジェンド**である。漁業組合のみなさん、海を汚して**ごめんなさい**。

さて、イマノエルの話によると、ここで伝説の海賊（もしくは始皇帝）の出迎えをしてくれる現地スタッフが待っているはずなのだが……。

おや？

おおっ！　あの空港などでよく見かける、客の名前の書かれた紙を体の前にかざしているありがちな姿は!!

オレは近づいて、書かれた名前が自分のものであるかを確認してみた。うん、なんとなくツヨシと書かれているような気がするが……

「PSUOSHI」

プ、プスオシ……??

それは、オレなの？　オレじゃないの？　**プスオシさんなの??**

なんとなく自分のことのような気がして**微妙**

な思いになっているオレだったが、逆にメガネの現地スタッフは目の前の東洋人に確信を深めたようで、明るく声をかけてきた。

「ハロー、ジャパニーズ！　おまえが、……これ（紙を見せながら）か？」

「**おまえも読めてないやんけ!!**　あのー、僕はツヨシなんですけどね、プスオシとはちょっと違うんですけどどうなんでしょう」

「うーん、そうだな。**多分おまえのことだろう。**じゃあタクシー待たせてあるし、行こうか」

どんないい加減なんだよっ!!　客商売をなんと心得るかおまえらはっ!!　だいたいシしか合ってないだろうシしか!!

なんという失礼なやつ……。せめてヨンジュンとかビョンホンとかオレと**似た雰囲気の**名前と間違えるならまだしも、プスオシである。プスってなんかすごい嫌な音じゃねーかよ!!　**いつも空気が漏れてるみたいだろうが!!　本当はあんまり漏れてないのに!!**

　まあいいや……ハイヤーも呼んであるというし、わざわざ迎えに来てくれたことだし、今回だけは井上真央ちゃんの月9初主演に免じて許してやるか……。

簡単な入島審査を済ませ、メガネスタッフと共にタクシーで暗くなったストーンタウンを宿へ走った。10分ほどで通常の安宿とは一線を画した、ペンションと言ってもいいようなこぎれいなホテルに到着。**ああ、なんという高待遇。なんという贅沢。**このもてなしはもう始皇帝どころか銀河皇帝パルパティーンだ。オレも出世したものだなあ……。

メガネと一緒に受付に向かい、宿のオヤジに挨拶をする。しかし、なんだかオヤジの表情がかんばしくない。歓迎の言葉どころか、メガネスタッフとあれこれ言い合いをしているようにも見える。なんだろうこのホスピタリティの低さは?? 客に向かってそんな態度でいいの?? **オレ気分を害して他の宿に行っちゃうよ??**

するとオヤジと話を終えたメガネが、オレに向かってやんちゃな顔で言った。

「ごめん、**予約とれてなかった。**満室だって」

「あっそ」

…………。

ごめんじゃねーだろっ!!

おまえは何のための現地スタッフなんだよ!!　というかオレが昨日旅行会社で支払った宿の料金はあれはなんだ!!　おいこら！　バカ!!

「うーん、この時間だしあんまり空いてるとこないかも……」

「どーしようかじゃねーっ!!　おまえちゃんと責任持って他の宿探せよっ!!」

「どーしようか」

「そうか……もう夜遅いもんね……って**やかましいっ!!**　ないかも……**で済むと思ってんのかよ!!　何が何でも探せ!!　探してくれないと私は困るんです!!**」

その後オレとメガネスタッフは、夜のストーンタウンを宿を求めて**男2人で徘徊**することとなった。時間が時間であるため何軒も満室で断られ、5軒目でようやくひとつだけツインの部屋が空いている安宿が見つかった。しかしなぜか宿の料金は**オレが改めて支払うことに。**メガネくんは、役目を終えたとばかりに無言で暗闇に消えていった。

……あのさあ、**現地スタッフがネームプレートまで持って港でオレを出迎えた意味全然ないんじゃないかこれ？**　現地で宿を探して歩き回るこの状態は、**ただの1人旅じゃねえかっ!!**　おのれ～旅行会社の手先イマノエルめ～。このままで済むと思うなよ～。絶対帰ったら料金取り返してやるからな!!

しかしなにはともあれせっかく島に来たのだ、明日の観光プランを練らないと。なんといっても、真夏の空、そして青い海である。ザンジバルには世界遺産ストーンタウンの他にも、いくつもの美しいビーチがあるそうだ。きっとアフリカンで野性的な太陽の下、女性たちも開放的になっているに違いない。あ、でも勘違いしないでね、別に今回は**そこまでは考えていないよ。会ってその日にとかは別に考えてないから。**

まあ交際は無理でも、せめて**交換日記**くらいつけてくれる相手を見つけたいと……文通でもいいですから……ああ、文通で思い出したけど昔文通していた福岡県小倉のゆかりちゃん、僕の趣味がスノボというのは**真っ赤なウソ**でした。ごめんなさい。**本当はインターネットが趣味です。**

よーし、明日は頑張るぞ！　話しかけるのは無理でも、水着のねーちゃんの肌に視線で穴を開けるくらい見まくってやるぞ!!

翌朝は、希望と欲望に押し出されるかのように朝7時に目が覚めた。よし、今日は築地のマグロなみに早朝から激しく活動してやるぜ……。

ん？

なんか外が騒がしいなあ。何の音だ??

ザーーーーーーーーーーーーー（豪雨）

…………。

なめてんのかてめえワレっっ!!!　おい!!　責任者を出せコラっっ!!!

ベランダから外を見ると、この調子で1日降り続けたら**島が沈むのではないか**と思うような大雨であった。雨というか、これは嵐だ。吹き荒れる風に乗って、葉っぱやらゴミやらあれやらこれやら色々な物が舞っている。これだけの風の勢いなら、ゴミどころか**メリー・ポピンズも飛んで来そうである。**

くそ〰〰、これはオレにビーチに行くなという天のお告げなのだろうか？　身の丈を超えたことはするなということなのか??　オレがビーチに行ったらあまりにも不釣合いすぎて

火山でも爆発するのだろうか。もう早速今夜のフェリーで帰らなければならないというのに、これでは1歩たりとも動けないではないか……。おのれ～(泣)。仕方がないのでオレは何時間もツインルームの**本来恋人用**である2つのベッドに交互に寝そべり、1人2役で無理やりムードを出していた。むなしさという感情は**とうの昔に忘れたさ**。

やっと嵐が過ぎ雲間から太陽がコンニチハと顔を出したと思ったら、それは既に**夕陽**であった(涙)。ともかく雨が止んだわけで、なんとか町の雰囲気だけでも味わおうとオレは散歩に出かけた。

島のほんの一角を占めるストーンタウンに、市場や港、商店などが密集しているため、石造りの家々の間を縫う道幅は**現役時代の長嶋一茂のストライクゾーンのように狭く**、また非常に込み入っている。

石畳の道を歩いていると、我が物顔で通りを牛耳っているノラ猫の姿が見えた。ニートなど視界に入らないというかのような、尊大で挑発的な態度である。オレを通す気などさらさらないようだ。

だが、オレは猫にはめっぽう強い。なぜかって?

ふふふ……。

オレにはこれがあるんや!!!!
伝家の宝刀、日本製極上霜降りまたたびや!!!!

これぞオレが日本から持参した**秘密兵器、またたびの木**である。そう、日本を出る時に「ライオンにまたたびを与えたら喜ぶかどうか実験してきて」と言ったアホの悪魔OLの言葉に従って、またたびを買って来たのである!!　あ〜っはっはっは!

……悪かったなアホの仲間で。

というわけで、道を塞ぐ横暴なノラ猫にはここでまたたびを投入し、骨抜きにしてやることにした。きっと贅沢の粋を極めた超高級なこの日本製またたびを見てしまったら、どんな猫でも我を忘れて狂ったようにかじりつくに違いない。情けない顔をして**見境なく道端に転がり**、他人の目など一切気にせず**一心不乱にまたたびに吸い付くだろう。**

そりゃーっ!!

↓

ほらな。

わははは。所詮インテリを気取っていても野性の本能は隠せまいて……。どうあがいても猫は猫。この**ヒューマン・ビーイング**のオレに楯突《たてつ》こうなど3世代早いのだ。

またたびに魅了されてしまった悲しいノラ猫は体中泥まみれになりながらも快感に精神をもてあそばれ、オレをみすみす通してからも延々とまたたびにむしゃぶりつき、道端でごろごろと情けなく転がっていた。ふっ……愚かな……。

さて、軽く散歩をしたら夜になったので、オレは荷物を担いで埠頭へ向かった。**ダルエスサラームに戻るのである（号泣）**。わざわざフェリーで島までやって来て、イルカと遊びもせず現地妻を作りもせず、**猫にまたたびを与えただけ**で帰る。うーん。これでは旅行者ではなく、**単なる国際派の猫愛好家ではないか**。

出航の時刻になり、オレはフェリーに乗り込んだ。夜行フェリーであり、到着は明日の朝である。

寝付けないオレは、外に出て夜の海を眺めた。僅かに見えるのはせいぜい5ｍくらい先までの、夜を反射してどす黒くなった水面。こんなアフリカ大陸脇の海を、わずかな生活用具を背負って船に乗って漂っているわが身のあやうさと小ささはあまりに心細い。

それにしても夜の海は怖い。何か得体の知れない恐ろしいものが、今にも暗い水の中から現れそうである。だがオレはなぜかそのおぞましい水面から、目を離すことができなかった。なんだろうこの不思議な感覚は……。もしかして、何か海の中にいる生命が、いや、意思のようなものが、オレの心に直接話しかけているのだろうか……。

うっ……

こっ、これはまさか……

…………。

オエ〜〜〜ッ!!!

ただの船酔いでした(号泣)。ぐええっ、苦しいっ、死ぬ、死ぬう〜〜〜っ。

結局その後翌朝まで、起きては船酔いに苦しみ、やっと寝られたと思ったら**船酔いで苦しんでいる夢を見る**という泥酔状態で、オレは再び船底で生ける屍《しかばね》となった。

翌日は丸1日ダルエスサラームの宿で死に体となっていたオレだったが、この街を出る前に、伝説の海賊としてなんとしても1人始末しなけりゃならん奴がいる。あいつは……あいつだけは許せねえ……。

夕方、いつも観光客目当てに奴が出没する商店街に向かうと、案の定、徐々に**保護色になり闇に溶け込みつつある**イマノエルが、悩み事など何ひとつないといった陽気なアホ面で今日の客を探していた。

「オレの名を言ってみろ〜〜〜〜〜〜っ!」

「おおっ。な、なんだ? ハーイ、調子はどうだい? ハウアーユー?」

「ファインサンキュー、アンドユー?……**ってイマノエルっ!! てめーこらっ!! 誰がプスオシだてめー!!」**

「どうした? 具合悪いのか? ハウアーユー?」

「ファインサンキュー、アンドユー?……**っておいっ!! 日本人が『ハウアーユー?』と聞かれたら『ファインサンキュー』と反射的に答えてしまうのを知っての作戦だなっ!! オレはごまかされんぞ!! おまえよくもオレを辱めてくれたなっ!!」**

「ファットハップン⁉」

「まあこの際プスオシの件は井上真央ちゃんの月9初主演に免じて大目に見てやるよ。だがなあ、**おまえ宿泊費まで先払いさせといて宿の予約とってないとは何事だ‼　めちゃめちゃ客に失礼だろうがっ‼　ここに西村コーチ（著者大学時代の部活の鬼コーチ）がいたらおまえ泣くまで腕立てだぞっ‼!**」

「ダレソレ？　おっかしいなあ。予約とったと思ったんだけどなあ」

「とにかく金を返せ‼　オレの10ドルを！　今すぐ返せ‼」

「まあそれは後で話すとして、おまえキリマンジャロ登頂ツアーに参加してみないか？　ジープの送迎つきで1人800ドル。他にもサファリツアーとかトレッキングとか……」

「シャーラーップっ‼　そんな話をする前にまずは宿代を払い戻せっ‼」

「今はボスがいないから、明日また来てくれよ。ハウアーユー？」

「ファインサンキュー、アンドユー？　**やかましいっ‼**　明日オレはもうここにはいないんだよっ‼　今返せ！　今‼」

「そんな1泊分の料金くらいケチケチするなよ。セコいやつだなあ」

「**誰がつるセコだコラっっ‼**　客の金を持ち逃げしやがって‼　なにか？　ポリスを間に挟んで交渉しないといけないのか？　ポリス呼んでこようか⁉」

「お、おい、何言ってるんだ。落ち着けよフレンド」

「おまえのようなフレンドを持った覚えはないっ!!　ポリ～スっ！　たすけて～っ!!」

「こら！　やめろよ！　本当にポリスが来るだろうが!!」

「ポリスっ！　ポリスさ～ん！　ポリスポリスっ!!」

「わかったよ!!　静かにしろって!!　まったくこれくらいで騒ぎやがって……返せばいいんだろ……ブツブツ……」

オレがポリスの名を出してぎゃーぎゃーわめくと、なぜかイマノエルはあせった様子で事務所へ戻り、オレが支払った宿泊費を返してくれた。というか返しやがった。

……なんでそんなにうろたえているんだろう？　オレはただ**都市と周辺村落からなる古代ギリシアの都市国家ポリスについて興奮気味に語っただけなのに。**不思議だなあ。

そんなわけで、金に物を言わせ有意義に観光旅行を楽しむことに**失敗した**オレは、島になど行かずにとっとと先に進むべきだったと激しく後悔をするのであった（号泣）。

野に生きる物

リュックを背負い買い物に出かける現地住民の方。

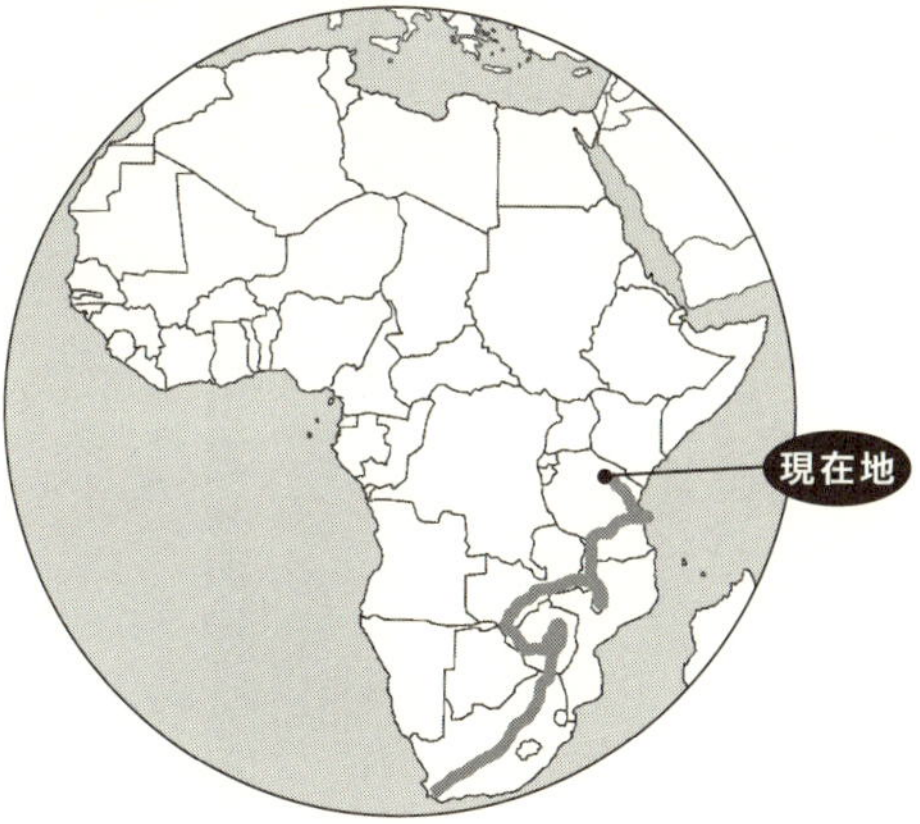

ダルエスサラームから長距離バスで北へ8時間、タンザニア最後の滞在地がアルーシャだ。オレはここを拠点にして、広大な自然保護区へ野生動物を訪ねる、サファリツアーに参加することにした。

到着の翌朝、宿で首をアミメキリンのように長くして待っていたオレを迎えに来たのは、今回のサファアリに同行するガイド兼ドライバーの若い黒人であった。

本場のサファリのガイドというと、上半身裸で獲物の虎皮を腰に巻き、軍用ライフルを担いで**片方の目はあのとき猛獣の一撃を避けきれず、深い傷を負い光を失っている**という劇画調キャラクターを想像していたのだが、目の前の彼はジーンズにポロシャツで、全幅の信頼を置いて命を預けるのは**やや考えさせられる**風貌《ふうぼう》だ。

ガイドの隣には、2人の若い白人女性がいた。彼女たちもこのツアーの参加者らしい。

「ハーイ！　私たちはスウェーデンから来たシェスティンとオアサ。今日から2日間、よろしくね！　ハウアーユー？」

「ファインサンキュー、アンドユー？　さくらことツヨシです。どうぞよろしく。僕の趣味は夏はサーフィン、冬はスノボです」

「すごい！　活動的な人ね！　素敵！」

なかなかの美少女オーラをまとう彼女たちは、昼休みは目黒の駅ビルでパスタでも食べていそうな活発な**キャピキャピ**2人組である。2人ともオレと挨拶をする時に抜群の笑顔でキラキラと目を輝かせていたので、**どうやらオレのことが好きらしい**。昨日聞いた話では、サファリツアーには告白をして**OKならキスして帰国**というルールがあるそうだが、う～ん、どちらか片方だけ選ぶっていうのはなんか申し訳ないなあ……。

とりあえずこの恋の行方は**来週の2時間スペシャルで**明らかになるためそれまでのお楽しみとして、まずは４ＷＤに乗り込み国立公園まで数時間、道なき道を走る。

たのむぞドライバー。はっきり言って、公園とはいうが単純に**アフリカの大自然**である。肉食獣は飼育係の与えるエサではなく**そのヘンにいる草食動物**を食っている。単純に「あ、ガソリン入れとくの忘れちゃった」という発言だけでオレたちも**食物連鎖の環に組み込まれる**ことになるため、ここでのドライバーの役割はとてつもなく重要なものなのである。

タンザニア政府に支払う上納金のための粗末な料金所を過ぎると、そこは人工物が一切存在しない新世界紀行のワンシーンであった。

いきなり登場したのはインパラの群れである。オレたちの車は屋根の部分がカッポリ外れるようになっており、全員立ち上がって移動できるため、野生動物との間には**鉄格子もガ**

ラスの1枚すらもない状態。さすがに動物の方も車を警戒してかそんなに近くまでは寄ってこないが、怪物くんやピッコロ大魔王の真似をして数m手を伸ばすだけで簡単に触れることができる距離である。

インパラといえば草食動物の代表で、どうも**ショッカーや死ね死ね団くらいの多勢やられキャラ**というイメージがあるのだが、近くで見ると異様に美しい体をしている。金色に輝き全くムラがない肌の色、そしてなにより完璧に引き締まった筋肉。うーん、すごい……。

残念ながら触れて感触を確かめることはできないが、特に足の付け根周辺のその彫刻のような筋肉の美しさには思わず見とれてしまう。

もしインパラが朝のラッシュ時の京王線に乗っていたら、きっとオレは辛抱たまらず人ごみに紛

れて**痴漢行為をしてしまうだろう。**もちろんインパラだけに人間の言葉で**「やめてください っ!」**と叫び声をあげられないことを知った上での**卑劣な犯罪**である。さらに鉄道警察に捕まっても、「むこうがオレを誘ってきたんだよ! ほら、見てみろ! **パンツはいてないいじゃやないか!!** あれじゃ触ってくれって言ってるようなもんだよ!!」と反論する用意がある。

しかしそう考えると、彼らが近寄ってこないのは車ではなく、もしかしたら**オレのセクハラを警戒して**のことかもしれない。

それにしてもサファリツアーが開始された直後に登場するとは、インパラも自分たちがシヨッカーキャラだということを自覚しているのだろう。ちゃんと演出面を考慮しており、好感が持てる。

「いいかみんな。草食動物はあちこちにいるけど、もっとデカイのとか肉食は奥に入ってからのお楽しみだ。まだまだこのヘンは安全だからな、歩いてもいいくらいだぜ。どうだ?外に出てみるか?」

「いや、さすがにそこまでは……」

「リラックスだぜエブリバディー! まあ明日もあるんだし、ゆっくり行こうぜ!! あしーたもあ〜る〜さ〜♪」

なるほど。やっぱり入り口付近に登場するのは比較的小物で、大物になるともっとずっと奥に控えているというわけか。おそらく動物たちは**江戸城の大奥を参考にしてこのシステムを考え出したのだろう。**

たしかにこの公園は生半可な広さじゃなく、車のエンジン音やオレのセクハラを警戒して隠れてしまう小心者もいるはず。そうそう簡単にライオンなどの**ビッグネーム**と遭遇できるものではないのだろう。

ということで、オレとキャピキャピ2人組は、おもいっきり屋根から身を乗り出してサバンナの空気を味わうことにした。どうせしばらくは肌に気を遣っているベジタリアンの動物しかいないのだ。彼らなら血の気も少なく性格も穏やかだろうし、警戒する必要はない。

別にめぼしい動物がいなくとも、枝からソーセージがぶら下がっているソーセージツリーや、赤ん坊が名前をつけたと思われる**バオバブの木**なんてのを見ているだけでも新鮮で面白い。

あ、ライオンだ。

…………。

「キャア〜〜〜〜ッ!!」

「キャ――――!!」

「きゃ〜〜〜〜っ!!」

オレとキャピキャピコンビは、**転げ落ちるように して車の中へ沈み込んだ。**

……………。

「あああああのー、ガイドさん。ララララライオン、ライオンが……ジャングル大帝が……」

「なに？　ライオン？　どこ？」

「ほらそこ！　すうぐそこにいるでしょうが!!」

「おお、ほんとだ。こんなところにもいるんだなライオンって……」

「ほんとだよね。勉強になるなあ。などというふうに、**感心してる場合かてめーっっ!!　どこが歩けるくらい安全なんだよっ!!　百獣の王が普通にいるじゃねーかよ!!!**」

「そんなこと言ったって別にここはインパラの私有

地じゃないんだし。どこで獲物を探そうがライオンの勝手じゃん」

「それはそうだけど……でも百獣の王がいきなりこんなに……、これじゃあ紅白歌合戦の1曲目で北島三郎が歌うようなもんじゃないか……」

「いやー、アハハ。外に出てなくて**よかったな**」

「てめ〰〰」

その現在車内で話題沸騰中の噂のライオンは、オレの目の前2mの位置で、少々殺気立った目でこちらを睨んでいる。

……うーん。**灼熱のサバンナでも、鳥肌は立つもんだ。**オレがこの時後部座席で固まりながら僅かに呻いた心からの言葉は、「こ、こえ〰〰」だ。……この凶暴そうな表情。きっとこの猛獣は、人を殺すということでさえ、メシを食うくらいの簡単な作業にしか感じないことだろう。**……ケダモノっ！　あなたはケダモノよっ‼**

今までライオンは可愛いものだと思っていた。**猫と血縁関係**だし、ＮＨＫに映るサバンナの中で家族とじゃれ合う姿は、**うちにも1匹欲しい**と思わせるに十分足りうる愛らしさであった。だが、実際に遮るものの全くない2mの距離で野生のライオンの巨体を目にした時、人間としてというよりも、**生物としての本能からくる恐怖**が体を襲うのであった。

こ、怖いよ〜っ（涙）‼

……というか、**屋根おもいっきり開いてるんですけど大丈夫なんですかね？**

「あのー、ガイドさん。**一刻を争って屋根を閉めた方がいいんじゃないでしょうか。**ライオンにしてみれば、この車は**自走式のちょっとしたエサ箱**に見えてると思うんですけど」

「ああ、心配するなって。入ってこないから大丈夫」

「大丈夫って……？」

「…………」

「…………」

……大丈夫な理由をひと言も述べないんですがこの人、本当に絶対に確信を持って大丈夫なんですかね？

とりあえず、サバンナ素人《しろうと》のオレとしてはどう考えても大丈夫には思えん。「前例がない」なんていうのは理由にならんぞ。食われてしまってから**「あ、ライオンもたまには車の中に入ってくるんだ」**と悟っても、**その教訓は今後のガイド活動に活かせそうもない。**

……え？　またたびを与えてみたらどうかって？？

…………。おまえがやってみろっ!! オレはおもしろ体験より命の方が大事なんだよっ!!

「あああの、とととりあえずもう先に進みませんか？　ねえもういいよねえガールズ？」

「そ、そうよ。もう見たわ。みみ見たから次へ行きましょう!!」

「なんだ、もういいのか？　こんな近くでライオンが見られるなんてラッキーなことなんだぜ？　もっとじっくり見ておけよ」

……あんた、もしライオン入って来たら責任持って真っ先に食われてくれるか？

じっくり見るも何も、**目下ヘビに睨まれている最中のカエル**が、「よし、こんなこと滅多にないし、**この機会にじっくりヘビを見ておこう**」などと考えるか??

結局オレとキャピキャピコンビが恐怖におののきながら発車を急《せ》かしたため、とりあえずまたライオンは後にとっておきましょうとドライブを続けることになった。

次第に小さくなっていく獣の姿。深呼吸をして、本能からくる恐怖を改めて噛みしめる。

しかしこれライオンからしてみたら、美味そうな肉が**肉の方からわざわざやって来ている**ように見えるわけだろ？　せめて向こうから見えないように**窓をマジックミラーに**

するとか、何か対策を練った方がいいんじゃないか？　がなり社長、**マジックミラー号をタンザニアに輸出したら結構いいビジネスになるんではないでしょうか。**あ、マジックミラー号がなんだかわからない子は、**わからないままでいようね。**

しばらくサバンナを疾走すると、肉食の気配はなくなり、また草食動物のみがわんさか活動している状態となった。オレたちは再び座席の上に立ち、４ＷＤの屋根から顔を覗かせて優雅にサファリに浸っていた。アンニュイでロココ調なアフリカの風が、ざわわ……ざわわ……ざわわ……と肌を撫で通り抜ける（意味不明）。

「イタッ！」

「ん？　どうしたのキャピキャピ？」

「な、なんかチクっとして……」

「ふーん。虫でもいるのかな……**いだだだだっ‼**」

「へーイ、おまえらどうしたんだ？」

「なんか妙にチクチクするんだけど……」

「あー、このあたりはツエツエバエが飛んでるからな。奴らは人間を刺すんだよ」

「ツエツエバエ？　なーんだ。ハエか」

なんのことはない、ただのハエである。まあ刺されると多少の痛みは走るが、アフリカに旅行に来ておきながら蝿ごときでいちいち騒ぎ立てるのは、アクション映画を見て**「なんであんなに撃たれているのにシュワちゃんにだけ弾が当たらないの？」**と文句をつけるようなもので、**非常にTPOをわきまえていない行為**である。

キャピキャピギャルズはきゃーきゃー言いながらタオルを振り回し追い払っているが、オレはただ彼女たちの揺れる胸元、はそんなに頻繁には見ないで黙ってサバンナの風景を追いかける。

「ちょっとツヨシ、よくそんな冷静でいられるわね！　痛くないの？」

「別に平気だよ、こんなの」

「でも、病気になったらどうするのよ」

「オレはこれからもずっとアフリカを旅しなきゃいけないんだぜ。蝿なんていちいち気にしている場合じゃないぜ子猫ちゃん……」

「ふーん……」

キャピキャピコンビの尊敬と愛の眼差《まなざ》しを背中に感じながら、オレは草原を駆ける野生動物を見ていた。フッ……。この野性味溢れる頼もしい姿。今のオレを見たら、キャピキャピじゃなくても誰でも惚れてしまうだろうな……。**先にシャワー浴びてこいよ。**

「おいツヨシ、おまえさっきから刺されっぱなしじゃないか。ちゃんと追い払った方がいいぞ！」

「なんだよあんたまで。アフリカに生きる人間が蝿ごときでビビってどうするんだ！　日本人のオレですらこんなに頼もしいのに！」

「そんなに強がって、眠り病になっても知らないぞ」

「眠り病ってなーにそれ？」

「ツェツェバエに刺されると、時々眠り病になるんだ。最初は風邪と同じ症状だけど、そのうち昏睡状態に陥って、永遠に目が覚めないこともあるんだぜ」

「へえー。昏睡状態か。なかなか詳しいですね。まるでガイドみたい」

「仕事だからな」


…………。

「きゃあーっ!!　さ、刺されたっ!!　は、早く追い払って!!　ハエっ！　ここにもハエ！　そこにもハエ〜っ!!　キャピコンビさんっ！　タオルを貸してくださいっ!!」

「あんた言ってることとやってることが全然違うわね……」
「人はいさ〜心も知らずふるさとは〜(出典：古今集)。つまり日本人の心は移ろい易いのです!!」
「男のくせにそんな移り気だとモテないわよ」

「モテて昏睡状態よりマシだよっ!!!」

幸いなことに、ツエツエバエどもは他の動物たちと同様ある一定のテリトリーに固まっているらしく、オレたちが3人揃ってタオルをヒラヒラさせ**チャン・ツィイー顔負けの華麗な舞**を見せていると、いつの間にか羽音は聞こえなくなっていた。

さて、アルーシャからの移動に長時間をかけたため、今日は公園内に宿泊である。安ツアーだけあって、宿泊地は柵で囲まれた敷地にテントとトイレが並んでいるだけという、**群れに襲われたら一発**と思われる質素な場所であった。一応外のサバンナとは肩くらいの高さの木組みの柵で仕切られているのだが、頑張れば普通の動物でも入ってこられそうだし、**大蛇などはフリーパス状態**である。夜トイレに行くのにも、**ちょっとだけ命が心配**であった。

一夜明け、翌日も朝からドライブである。

　ところで、サバンナで最も数が多いと思われる動物が、**ヌー**である。英語では**ワイルドビースト**と言うらしい。

　ヌーというといかにもヌ〜っとした、うどの大木といった鈍感なイメージだが、ワイルドビーストとなると闘魂三銃士と名勝負を繰り広げ、**第37代IWGPヘビー級チャンピオン**にでもなりそうな勢いだ。ヌーとしても絶対日本語よりも英語で呼ばれたいだろう。

　しかしヌーは、最初こそ「あれがヌーだ！」と説明もされ写真も撮られ、女性陣からは**「キャー！　ヌーよヌーよ！」**と黄色い悲鳴で迎えられるのだが、なにしろあまりにも数が多いがゆえに次第にそのありがたみが薄れ、2、3時間もすると、「もう！　あの山際のキレイな湖を撮りたいのに、**ヌーが邪魔ね**」などと圧倒的に**風景以下の扱い**を受けるのであった。まことに人間どもは移り気である。

　川を渡ってまた森に入り込むと、最近雨が降ったらしく地面は泥沼状態であった。それでも4WDの意地を見せ、ぬかるみをなぎ倒しながら進んで行くと、前方でオレたちと同じく数人のツアー客を乗せた1台の車がエンストを起こしていた。

　こんな時に助け合いをするのは当然のことであり、一旦オレたちの車がエンスト中の車を追い抜くと、そのまま後部にウインチをつけて引っ張りあげることになった。しかしオレたちが通りかからなかったらこの人たちどうしてたんだろう？？　という疑問は置いといて、

よし引けー！　やれ引けー！　がんばれっ!!　もう少し！

　プスン……プススス……

　シーン……

……あの、**こっちもエンジン止まってますけど。**

「はは……。わりいな、エンストしちまった」

「……いや、しちまったって、早く直してよ」

「ウーン、だめだな、こりゃ」

「……だめだじゃねーだろ!!　あんた一体この状況どうすんの!!　無線で助けでも呼んでくれるんですか!!」

「しょうがないなあ……。**よし、みんな降りてくれ！　押しがけするから**」

「…………」

「…………」

「ガイドさん、**あんた僕と違ってこの辺りのことあんまり知らないかもしれないですが、ここはライオンが自由奔放に暮らしているタンザニアの国立公園なん**

ですけど」

「しょうがないだろう。このままじっとしてても何の解決にもならないんだから」

「うん。たしかにならないね。**……だからってこんなところで降りられるわけねーだろこのガイドがっっ‼　松島トモ子じゃないんだよ‼!**」

「じゃあここで偶然誰か通りかかるのを待つか？　日が暮れたら**夜行性の獰猛《どうもう》な連中が車を囲んで宴会だぞ？**」

「……それはいやです（号泣）」

…………。

そして、オレとキャピキャピコンビは、命をかけても客を守るのが仕事のはずのガイドに促され、**ライオンが草食動物を食っていることで有名なサバンナの森の中へ**、ヨロイもつけず迫撃砲も持たず、襲われたら一撃でやられること保証つきの普段着の状態でそろそろと降り立った。ガイドはエンジンをかけなきゃいけないため**運転席**である。**金を払っているのはオレたちなのにだ。**

ジメジメした深い森は見通しが非常に悪く、数ｍ先に何が潜んでいるか全くわからない。気持ちの焦りからか、辺りの倒木のすぐ向こう側、**あっちからもこっちからも肉食獣の視線を感じる。**

…………。

なぜこんなとこに降りてるんだオレたちは⁇　富士サファリパークだって「園内では絶対に車から降りないでください」と注意書きがあるぞ⁇　なんでアフリカのサバンナでガイドに無理矢理車から降ろされないといけないんだよ‼

ううう……肉食獣どころかこのタンザニアの深い森の中では、一歩間違えれば**プレデター**すらも出てきそうである。装備の手薄なオレたちでは勝ち目がない。装備が**厚くても勝ち目はない。**

怯えながら固まっていると、向こうの車からも3人の客が協力して押しがけをするため降りて来た。よかった。**これで食われる確率は6分の1に減った（涙）**。

客ばかり6人で車の後ろにスタンバイする。オーストラリア人の禿げたおっさんが「みんな、こんなところでナイストゥーミーチュー！」と陽気に声をかけているが、**挨拶をしている場合ではない。**

全員揃って「ワン、ツー、スリー！」で一斉に4WDを押し、ドライバーがエンジンを入れる。失敗したところで今度はバンパー側に回って反対向きに押し、元の場所まで戻す。そしてまたワンツースリーで一斉に押す。そしてまたキュルキュルキュル……とエンジンも頑張るが失敗する。そしてまた元に戻す。

…………。

ライオンさん、狩りをするんなら今が狙い目ですよ。今ならインパラより遥かに簡単に獲物が獲れますよ（号泣）。

今時車を押しがけすることさえ珍しい経験なのに、ライオンやチーター**その他猛獣の気配**に怯えながらというのはなかなか味わえない、と同時に**決して味わいたくない**貴重な体験である。

「ワン、ツー、スリー!!」

プスプスプス……。

…………。

ま、またダメだ。

ああ、こんなに大騒ぎしていたら、野次馬が集まって来はしないだろうか？　野次馬の代わりにシマウマが集まったりして……。その茂みの向こうに何かいるんじゃないか？　その木の向こうは？　あの藪の中は？　その草の陰は？　**ああっ！　もうイヤ～ッ（号泣)!!　だれかドリトル先生を呼んで来てっ!!**

「オイ！　集中しろ！　もう1回いくぞ！　**ワン、ツー、スリー‼**」

キュルルルル……

キュルルルル……

……。

ブォン……ブォブォブォブォブォブォ〜〜〜〜〜〜〜〜〜〜‼!

「イエ〜〜〜〜〜〜〜〜〜〜〜スッ‼!」

「キャッホ――――ッ‼」※ハリウッド映画風盛り上がり

か……かかった！　**早く中に入れてくれ〜〜〜っ‼**

勢いを取り戻したオレたちの４ＷＤは泥沼にタイヤをとられたもう1台のジープを救出、**めでたく腕の1本も失うことなく**全員ツアーに復帰することができたのだった。ああ、ほんとによかった……。

さて、その後は夕方まで順調に運行をし、バッファローにハイエナにサイにカバにジャッカルなどの方々にも遭遇、そしてそろそろ帰路に就こうとしていたオレたちの前に最後に現れたのは……

…………。

あんた、初対面じゃないよな？

……いたっ！　こいつそういえば、マラウィにいたぞ！　リロングウェの道端で生意気にもオレを威嚇したローカルな動物だな!!

見比べてみると今日の奴の方がスマートで肌のツヤも良く、**色気づいて茶髪にしたり**年齢の差こそあるような気がするものの、それでも他人とは思えないほど似てないか？

……わかったぞ。きっと彼らは、**オヤジがマラウィに出稼ぎに出たため数年前に生き別れになった親子**なのだろう。異国の地でローカルなノラ動物として生きているオヤジに、息子はタンザニアで元気に暮らしているよと伝えてやりたい。

お父さん、あなたの息子はたくましく（少々ヤンキー風ではあるが）育っていますよ……。

※結局なんなのかは不明

それにしても、地球上に何万種類と動物はおれど、こうやって遠い街から車に乗ってやって来て、ガイドつきで彼らを見物しているということが、どれだけ他の動物たちとかけ離れて我々人間がトップに君臨しているのかということを明らかに示しているではないか。

ライオンの獲物であるヌーより力がなく、インパラより逃げ足が遅く、シマウマより貧弱な人間がよくもまあここまで頑張ったものだ。

うーん、人間でよかった……。

このサファリツアーが、オレのタンザニア最後のイベントであった。さらばタンザニア、そして明日からは、アフリカのターニングポイント・ケニアである！

世紀末都市へ

車が泥にはまりキャピキャピコンビと一緒に車外に。肉食動物に食われるのは、レディーファーストでどうぞ。

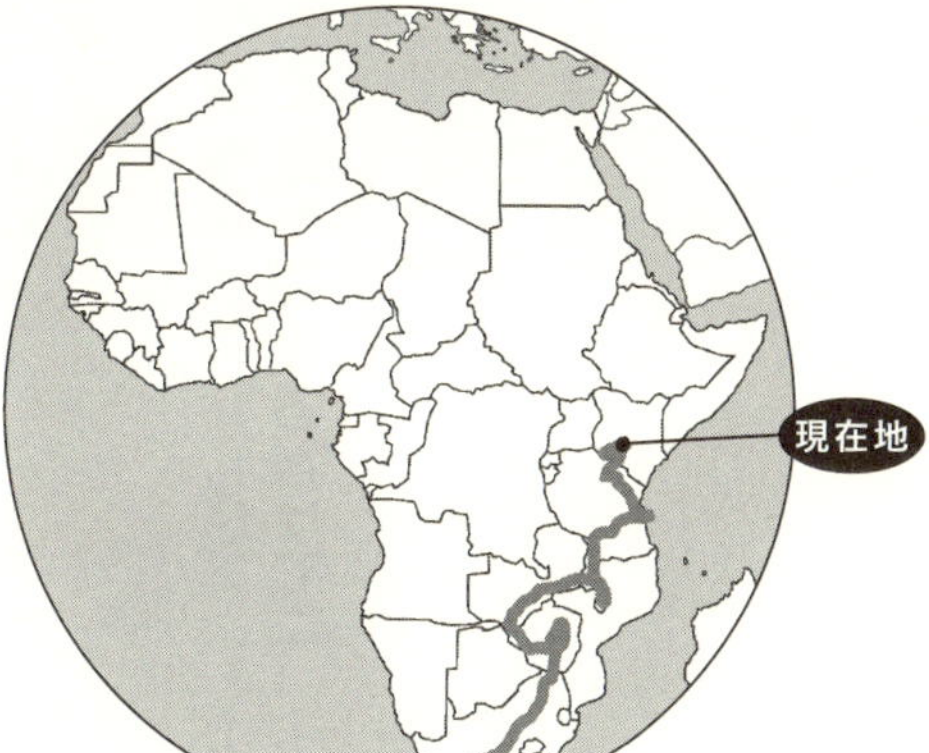

アルーシャのターミナルでケニア・ナイロビ行きのバスを待つ。

今日は遂に、アフリカ縦断の中間チェックポイントに到達するのである。チェックポイントとはどういうことかというと、位置的に真ん中であるのと同時に、今までに得たあらゆる情報を総合的に判断する結果、ナイロビを境にアフリカ縦断の旅は、**今までよりも遥かに過酷なものになるようなのである（号泣）**。

ケニアを中心に旅の難易度はガラリと変わり、南アフリカからここまでの道のりが腕立て伏せだとすれば、ナイロビ以北は**懸垂前振り開脚背面とび越し懸垂（トカチェフ）**らしい。ちなみにオレの能力は、**舞台ででんぐり返しをするだけでニュースになる森光子のレベル**であるため、ナイロビを過ぎると死ぬことが予想される。

さてナイロビまでは約5時間半、予定通りなら明るいうちに到着するはずである。いや、明るいうちに着いてくれないと**命に関わる問題だ**。過去幾度となく耳にしてきたナイロビに関する噂。その噂が今改めて、記憶の中からリアルな音声となって聞こえてくる。

ほわんほわんほわん……（旅の初日、ケープタウンの宿でナイロビについて話している光景へ場面転換）

「白人の男の旅行者が5人で歩いてたらしいんだよ。そしたら強盗10人に囲まれて荷物全部取られたんだって」

「………」

「ひどい人なんか、昼間買い物に行こうとして1人で歩いてたら**20人以上に**囲まれたんだって。強盗の**人数を数えることすらできなかったらしいよ**」

………。

ガイドブックにも、これでもかというほど注意事項の記載がある。ナイロビでは、旅行者に**いきなりタックルをかましぶっ倒れた隙《すき》に荷物を奪って行く**、ツーリストアタックという犯罪が流行《はや》っているらしい。

………。

おまえらは野生動物かっ!!　頼むからせめて脅して盗るとか隙を見て置き引きするとか、**少しは人間らしい盗り方をしてくれ**。ライオンやハイエナたちとは違うんだということを見せてくれ。**人として頼む。人として**。

そして極めつきはガイドブックのこのコメント。『ダウンタウンでは、**いつどこで強盗、殺人事件が起こってもまったく不思議ではない。**』

……うーむ。「不思議ではない」って、ガイドブックがそんなことを堂々と書いているのが不思議だよオレは。**そんな町に入らなくて済むようにうまくガイドしてくれよ**

ガイドブックだったら。

きっとナイロビでは、下手な人類愛を持ち出して「信じられぬと嘆くよりも、人を信じて傷つく方がいい」などと言いながら夜道を歩いたら**200%の確率で傷つくことになるだろう（心身ともに）**。しかもその傷は**本物の致命傷**になる可能性も十分ある。これは人を信じるのを控えなければならない。

アルーシャを出てから2時間と少しで、バスは国境に着いた。乗客は全員一旦バスを降り、出入国の手続きをしなければならない。

タンザニア側で出国スタンプをもらい、自分の足で国境を越える。

1歩国境を越えると、ナイロビに近くなった分なんか犯罪に遭いそうな気がするな……。いやいや、何を恐れているか！　いらぬ心配は無用。**案ずるより産むが易し、飛んで火に入る夏の虫**である。

いつもの例にたがわず国境を越えたところで数人のマネーチェンジャーが、雨の日のボウフラのようにフラフラと集まって来た。

しかしなんでマネーチェンジャーはこんなにおっさんばかりなのだろう？　各国にこれだけたくさんの人数がいるのだから、1人くらい**深田恭子そっくり**のマネーチェンジャーがいてもいいのではないか？　もしそんなマネーチェンジャーがいたら、うひひひ……そんなマネーチェンジャーがいたら、オレは、オレは**自分の欲望を抑えることができずに**……うへへへ……**ドキドキしながら握手をして、一緒に写真を撮ってもらいます。**

なんだかんだ言って最終的に度胸がないので、**思い切ったことはできません。**

「へーイ！　チェンジマネー⁉」

うーん、実際はやはり**1億年ほど輪廻転生《りんねてんしょう》を繰り返してもフカキョンには辿り着けなさそうな**、筋金入りのおっさんである。

まあとにかく、ケニアの通貨・ケニアシリングは全く持っていないので、ここでいくらか作っておかなければならない。オレは財布から5000タンザニアシリングを取り出した。

「とりあえずこれだけ替えて欲しいんだけど……ってアレっ！　おい、なにするんだよ！」

オレが5000シリング札を見せた瞬間だった。どこからか伸びてきた黒い手が、オレの紙幣を摑み取る。

「ちょっと、返せよ！　ほっ！　はっ！　**よっ！　あらっ‼**」

5000シリングを摑んだその手は、オレの追跡を巧みにかわしマネーチェンジャーの輪から抜け、逆方向に向かって走り出した。

やられた！

この野郎！　泥棒！　ドロボー――――ッ!!

くそ!!　逃げられてたまるか!!!!

オレの体は**瞬間的に反応していた。**奴を追いかけるため、**全身のエネルギーを足元に集中し、スタートダッシュをかける。**

やろ――――っ!!　待ちやがれ!!

スコーン！「ありょ～～～～っっっ（泣）!!」

………。

スタートした瞬間、自分で足を滑らせてコケました（号泣）。

「お、おい、大丈夫か？　おまえ……」

「い、いいよ、自分で起きられるよ……起きてみせるよ……（号泣）」

「それでこそ男だ。盗られたのか？　いくらだ？」

「ウッ……ヒック……ご、ごせんシリング……（涙）」

「そうか……あいつは頭おかしいんだ。運が悪かったなおまえ……」

「ご、ごせん、ウック、シリングが……」

「ワイワイガヤガヤ」

いつの間にか、騒ぎを聞きつけオレの周りにはざっと20人ほどの近所の皆様が集まっていた。くそ……**そんな目でオレを見るなっ！　哀れみなどいらん！　しばらく1人にしてよっ（涙）!!**

やられた。アフリカに来て初のひったくり……。たしかに、安易に金を取り出したオレも悪かった。しかし……。


ケニアに入った瞬間これかよ!!

どうなってるんだよケニアの治安!!!


くそ、**オレに対してこのひどい扱いはなんだ!!**　オレ様はドラクエで城に入る時だって、門番の兵士に**「ややっ！　あなたがたは！　ささっ、どうぞお通りくださ**

い！」などと言われ**顔パスできるくらい破格の待遇**を受けてるんだぞ!! いいか、オレは王子なんだ。ハンカチ王子、ハニカミ王子に続く第3の王子、**徘徊王子なんだよ!! もっと王子に対して丁重に接しろよっ!!!**

幸いにも被害額はさほどでもない、日本円でほんの500円ほどであった。よく考えてみれば、その程度で逃げられてよかったのかもしれない。下手に追いついて揉み合いにでもなっていたら……

『いつどこで強盗、殺人事件が起こってもまったく不思議ではない。』

…………。

ぬおおおおおっ。いかん。これはいかん。

ちなみに、揉み合いというのはもちろん**「お互い揉む」という意味ではなく**、ケンカのようになるということだ。確率は低いと思うが、それでももし500円を取り返すためにオレの地球より重い人命（by福田赳夫）を失うようなことになったら……

「あんた、あんなところで二度と両替なんかしちゃダメよ！」

バスに戻ると、事件を伝え聞いた前の席のケニア人のおばさんに激しく説教を受けた。

……ケニアでは、**他人の子も叱ろう褒めよう**という地域の呼びかけが広く浸透しているようだ。それ自体はいいことだが、**大人がちゃんと近所の子供を叱っている割には強盗や殺人が日常茶飯事とはどういうことやねん**。

2時間後には、ナイロビである。これは気をひきしめないといけないな……（汗）。

窓の外の林や平原が次第に人工の建造物に変わり、道幅は広く、並走する車の数も多くなった。頭上には、「NAIROBI」の表示。

来た〜っ。ついに来ちゃいましたよナイロビに……。ナイロビさん、お噂はかねがね聞いてましたよ。**悪い噂ですけど（涙）**。南アフリカに次ぐ世紀末だって、角のタバコ屋の奥さんが言ってましたよ。

バスが到着するのは、ガイドブックいわく「いつどこで強盗や殺人が起こっても不思議ではない」ダウンタウンである。まだ昼の3時ではあるが、恐怖感にさいなまれながら周りの景色を見ているとなんとなく**殺人の1つや2つ**すぐにでも起こりそうな気がする。

しかし「不思議ではない」と言うくらいだから、きっと殺人事件を目撃してもナイロビで買い物中の主婦たちは、

「ええっと……お豆腐を3丁と、白菜と干しシイタケと……」

「ぎゃああ〜〜〜〜〜〜〜〜〜〜〜〜〜っ」↑殺人

「あらあら。また殺人よ？　**今日は2丁目のムワンザさんだわ。**まあ、お気の毒に……。**そうそう、あとスキヤキ用の牛肉を500gと、エノキもちょうだいな**」

と、せいぜい夕立が来たくらいの非常に軽いアクシデントとして無関心に扱うであろう。

いよいよ終点にさしかかり、オレはそそくさと腕時計を外した。なんでも、治安の悪い都市では装飾品をつけていたら襲われるらしいのだ。腕をいきなり切りつけて**手首ごと時計を奪っていく**強盗がいるなんていう、**現代人の想像を超えた噂**もたびたび耳にした。

ここでオレは提案したいが、ナイロビの治安回復の一案として、夜のダウンタウンを**叶姉妹やセレブモデルのマリエ**に歩かせ、**強盗が10万人ほど集まって来たところで一斉検挙**というのはどうだろうか？　それで大分犯罪者の数も減り、ナイロビに平和がやってくると思うのだが……。

そんな現実的な治安対策を考えていると、遂にバスはダウンタウンの奥まった路地に停車。

ともかく真っ先にしなければならないことは、荷物を受け取りすぐにタクシーを見つけ乗り込むことである。

幸いにして、バスの発着所だけあってタクシーの運転手が何人も客引きに来ている。

「ヘーイ、にいちゃん！　タクシーか？」

「乗るけど、ちょっと待って。荷物が屋根に乗ってるから、受け取ってからね」

オレは、荷物係が屋根から順番に荷を下ろすのを、数人のタクシー運転手の視線を感じながら待ち受けた。おっ、来た。オレのバックパックだ。よいしょ……おや？　なんか**オレの荷物に同時に何本もの手が伸びている**と思ったら、運転手たちの手である。

「ちょっと、自分で取れるから、大丈夫だって」

「いいから。オレがタクシーまで運んでやるよ!!」

まあとりあえず一刻も早くタクシーに乗り込むことが先決なので、この場は彼に任せようかなと思っていると、横から他の運転手がちょっかいを出し、なぜかドライバー同士の小競り合いが始まる。

「ヘイ！　オレのタクシーの方がいいぞ！　こっちだ！」

「なにを！　オレが最初にこの日本人を見つけたんだろうが！」

「関係あるかそんなの！　荷物をよこせ！　車まで運ぶから！」

「なんだとこら！　これはオレのもんだ！　離すかよっ!!」

「よこせっ！　こっちに貸せよ!!」

「オレが運ぶって言ってるだろうがっ！　おまえはのろいんだから他の客を探せよ!!」

「なんだこのヤロー!!」

……無法地帯ですかここは。

1人の運転手がオレのバックパックに必死の形相で抱きつき、もう1人がこちらも必死でそれを剥がそうとしている。あんたら、どっちでもいいんだけど、**その荷物はオレのだ。**このまま放っておくと混乱が際限なく大きくなりそうだったので、オレは**3人目の必死な男**になり、自分のバックパックに飛びかかった。

「**オリャー！　これはオレの荷物だ〜っ!!　誰にも持たせん！　運ばせんっ！**

あんた、あんたが最初に声かけて来たんだよな。オレはあんたのタクシーに乗る。早く案内してくれっ！」

「そうだろうそうだろう。さすが日本人は公正なジャッジメントだ」

「チッ……」

オレは自分でバックパックを抱え少し怒った表情をしながら、しかしその実、もう1人の運転手に**殺されるんではないか**と、心臓の鼓動を**レコーディング中の仲村トオルの音程くらい激しく乱しながら**、縮み上がって最初のドライバーのタクシーに乗り込んだ。

「よし、どこまで行くんだ？」

「えーと、モイアベニューの安宿まで……」

「そうか。わかった」

ゆっくりと運ちゃんは車を発進させる。ノロノロと走らせながら、なぜか彼は自分のすぐ横のドア、そして反対側、さらに今度はオレのいる後部座席のドアまで、**全て手を伸ばしてロックがかかっているか念入りに確認をしている。**

……………あの、**怖いんですけど。**

そんなに鍵を確認するってことは、過去に鍵が開いていて途中でドアを開けられ……引きずり出され……ダウンタウンの真ん中で……いつ強盗、殺人が起こっても全く不思議ではない……

ひええ〜っ。

とりあえずオレは、本来2m以上ある背丈を思いっきり縮め身を隠し、さらに万が一見つかっても黒人だと思われるように、**心の中で松崎しげるの真似をしながら『グッバイマイラブ』を歌った。**ああ、これでなんとか黒人の仲間だと**思われるわけねー。**

ナイロビの中心部との境目であるモイアベニューに出ると、高層ビルなども目につき、やや街の喧騒は落ち着いてきたように見えた。

目指す安宿は古ぼけたビルの8階にあり、タクシーから降りるとオレはすぐに薄暗いエレベーターに乗り最上階へ向かった。その間も、途中の階でナイフを持った強盗が待ち構えていて、**無理矢理引っ張り出されて暴行を受け身ぐるみ剝がされ窓から投げ落とされる**という光景が、オレの妄想の中で繰り返し鮮明に再生されていた。うーん、職場の女子やグラビア写真を透視するため**鍛えに鍛えた想像力**がこんなところで仇《あだ》となるとは……。

最上階で降りてもまだ階段を上り、やっと宿の看板が見えてきたが、しかし入り口は頑丈な鉄格子で閉ざされている。宿のドアに鉄格子があるのは、凶悪ぶりでナイロビとツートップを組んでいる南アフリカ以来だ。なるほど、鉄格子というのはガラの悪いところにある物なんだな……。刑務所もそうだし……SMクラブもそうだし……。

「す、すみませ〜ん。中に入れて、入れてください〜(泣)」

ギイッ……


ぬおっ!!

マサイ族だっ!!!

鉄格子を開けて出て来たのは、全身真っ赤なマントに身を包んだマサイ族であった。なんとこの宿は、門番としてマサイ族を雇っているらしい。**なかなか日本にはないシステムの宿だ。**

「は、ハロー。あー、ココ、コンバントマレマスカ?」

「…………」

言葉通じねー(涙)。

何語で喋ればいいのですか? スワヒリ語? マサイ語? ああ、こんなことになるんなら、**もうちょっと学生時代にスワヒリ語しっかり勉強しとけばよかった。**

彼は無表情のまま、殺気立った眼でオレをジロジロと見つめている。

「……カモン」

やがてオレの真摯《しんし》な人間性を見定めたのか、彼は中に入るように首で合図すると、鉄格子に鍵をかけ先立って奥へ進んで行った。…………。**なんか間違って盗賊団のアジトに来てしまったらしい。**

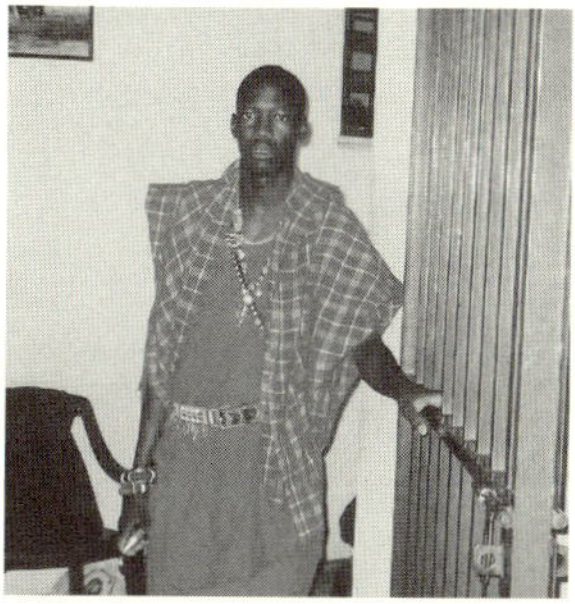

といいつつ、中では意外にもちゃんとした盗賊団の宿が運営されていた。同じ部屋には、2カ国ぶりに見かける日本人もいる。

「こんにちは。このたび隣のベッドに越して来ましたさくらと申します……あの、これつまらないものですが……」

「これはすみません、そんな気を遣っていただいて」

「あの……ぶっちゃけ、この辺の治安ってどうなんですかね??」

「あはは……。**もう無茶苦茶です。半端じゃないです**」

「ふーん。……あの、**どんなふうに?** 半端じゃないということは、全端?」

「この街、そこら中に昼間っからシンナー吸って目が死んでるガキどもがいるんだけどね」

「ほう」

「まあガキっていっても、このヘンの中学生くらいの奴はもう大人なみに凶暴なんだけど……つい2、3日前に、ここに泊まってた娘が夜**3軒先の店に買い物に行こうとしたら、宿を出た瞬間そいつらにボコボコにされて、身ぐるみ剝がされて瀕死の状態で帰って来たんだよ**」

「……聞こえない。僕には何も聞こえない」

「まあ他にもいろいろあるけど……とにかく命が惜しかったら、日が落ちたら絶対に外に出ないことだね」

「はい。命が惜しいのでそのようにさせていただきます」

あははは……

噂には聞いていたが、火のないところに煙は立たぬとはよく言ったものだ。道すがら「なんでみんなこんなにナイロビを悪く言うんだろう?」と思っていたけど、**本当に悪いからだったんだね。**

その夜はたとえ空腹で死にかけようとも外には絶対に出かけず、早い時間にベッドに入った。開いている窓からは、このビルから道を1本隔てたダウンタウンの騒音が休みなく聞こえてくる。

ZZZZZZ……

パーン!!　パーン!!

うわ〜〜〜〜〜〜〜〜〜〜〜〜〜〜〜〜〜〜っ!!!

銃声っすね……2発……。

……。

聞こえない。

何も聞こえない（号泣）。

ナイロビの恐怖

恐怖の街ナイロビを歩く、いかにも凶悪そうな通行人（※写真はイメージです）。

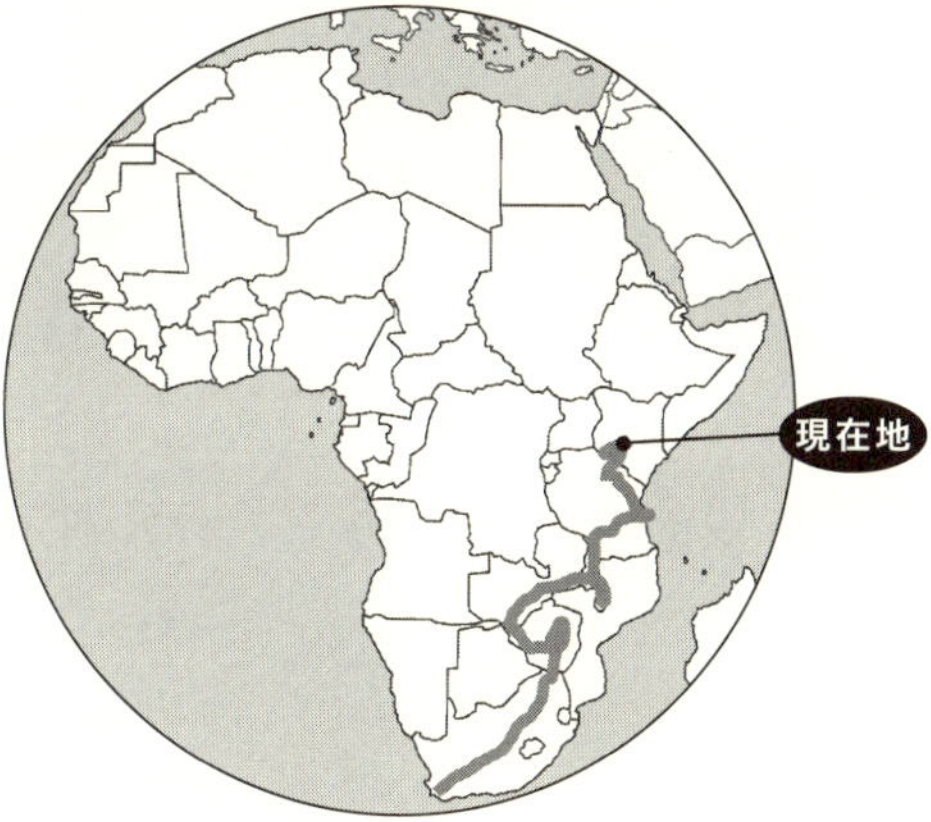

受付に寝泊まりし、24時間体制でセコムの代わりに宿を守っているマサイ族門番は、名を**カションバイくん**というそうだ。彼も話してみると、もとい話は全く通じないが**紙に絵を描《か》いて**会話をしてみると、結構冗談のわかる、いや**わかったかなんだかよくわからんがまあ気さくでいい奴であった。**

しかし絵を描いて会話というのも、なかなかオレと女子高生のようにツーカーといくものではない。「この前タンザニアでジープに乗って、ライオンやヌーを見に行ったよ」ということを伝えるのに**30分ほどかかる。**

第一、伝わったかどうかという判断基準はカションバイくんの「なるほどね〜」という納得した表情だけなのだが、それも実は「なるほどね〜。**おまえが絵が下手だということはよくわかったよ**」と全然こちらの意図と違うところに納得され、**結局言いたいことは全く伝わっていない**という可能性もある。

きっと人類が誕生したばかりの頃は、みんなこうして絵を描いて、ひたすら時間をかけて会話をしていたのだろう。**そりゃあ象形文字も発明したくなるわ。**

さて、こんなふうに、ナイロビにいると宿の仲間や従業員との友好が通常の5割増しで深まる。なぜならば、この街で夜に出歩くというのは**自殺行為**であると誰もが知っており、その結果夕方6時を回る頃には宿泊客はほぼ全員宿に帰って来ているという、**ヤクザが生**

活指導を担当している中学の修学旅行なみの怪現象が起こっているためである。

その日もオレは朝から1歩たりとも外へ出ず、こうして門番や従業員や他の旅行者とダラダラと話しつつ完全防御態勢で身を守っていた。雉《きじ》も鳴かずば打たれまい、**オレも出ずば襲われまい**である。

ダラダラの極みとしてベッドでぐうたら横になっていると、夕方、ルームメイトのスウェーデン人・ステファンがなにやら興奮しながら帰って来た。

「ツヨシ！　いやー、オレやばいもん見ちゃったよ……」

「へー、それは大変だったね。ああ怖い怖い」

「やっぱり怖いよなあナイロビは。って何を見たのか聞いてくれよ！」

「やだ」

「ルームメイト甲斐《がい》のない奴だなおまえはっ！」

「聞きたくないよ～。聞いたら絶対気分悪くなりそうだもん……」

「でも話したいんだから聞いてよ」

「ちぇっ。わかったよ……。**ええっ！**　何を見たの？」

「ケニヤッタ通りの歩道を歩いてたんだけどさ～、1人の黒人がなんかものすごい勢いでオレを追い越して行ったんだよ」

「へー」

「そしたら後ろから5人くらいが、叫びながらそいつを追いかけて行くわけさ。でしばらく見てたら、逃げてる黒人がいきなり脇から飛び出してきた**車におもいっきり撥《は》ねられたんだよ**」

「**たわばっ!!**　そんな殺生な……」

「でさー、後から追いかけて行った奴らが、**車に撥ねられて血ぃ流して倒れてる黒人を、5人がかりで更にボコボコに殴ってるんだよ。**ありゃー多分死んだな……」

「**おえっ。おえ〜〜〜〜〜〜〜っ(嘔吐)。だから聞きたくなかったのに!!　オレ明日はビザ取りで出歩かなきゃいけないんだよ!!　めちゃめちゃ怖くなってきたじゃないか!!**」

「別にオレだって見たくて見たわけじゃないんだけどね……。でも話したからああこれですっきりした。オレはもう用事は全部終わったから、これからゆっくりできるんだ。まあせいぜい気をつけろよ」

「てめ〜〜〜〜(殺)」

……全く期待を裏切らない都市ナイロビ。まさに噂通り、いや**それ以上**だ。本当は、「危ない危ないと言われていたけど、実際に来てみたら何もなくすんなり通過できた」という、**1999年7の月のような拍子抜け**を心から望んでいたのだが、どうやらノストラダムスの予言とは違い、**ナイロビには間違いなく恐怖の大王がいるらしい。**

今から考えれば、夜中にリクシャの運転手と揉めてバカヤローとか言えていたインドが**ユートピア**に思えてくる。

そういうことで、翌日は朝一番で跳ね起き、オレは数㎞離れたエチオピア大使館へビザの申請に、**恐怖を道中の供として**出かけることになった。カションバイくんに重い鉄格子を開けてもらい、ナイロビの街へ繰り出す。全財産、そして貴重品は全て宿のベッドにくくりつけてあり、持って行くのはあくまで手続きに使うパスポートや**命など**、必要最小限のものだけだ。

オレはまず靴の底にパスポートを敷きその上から足を入れ、そして靴下の中にはビザ代金の60ドルを、紙幣を丁寧に折って隠した。これで外見上は完全に手ぶらなので、強盗もまさかこのみすぼらしい日本人が**本当は年収5億の若社長**だとは夢にも思わないであろう。まあそれは**思わないで正解**なのだが。

ナイロビの中心街は高層ビルや大型スーパーなども並んでおり、人通りも多く比較的殺人も少ないと思われるのだが、ダウンタウンや1歩メインストリートから外れた裏道では、おそらく今日も**殺し殺され、愛し愛されの人生劇場**が繰り広げられていることだろうと思う。

まず、ナイロビの目抜き通りであるケニヤッタ通りを真っ直ぐに南下。ビジネスマンもチラホラ歩いている区域が終わると、だんだんと人気《ひとけ》がなくなり左右にだだっ広い公園が現れるのだが、問題はここからだ。

とりあえず、常に後方を確認しながら歩く。大体30秒に1回は後ろを振り向くのだ。ゴルゴ13は背後に人間が立った途端に殴りかかっていたが、ここでは**背後に立たれてからではもう遅い。**後方30m以内に黒人が入って来たら、とにかく**なりふり構わずダッシュで逃げる**のである。

多分後ろを歩いている黒人は、「あいつ、オレの姿を見て走って逃げて行きやがったよ……。まさか襲われるとでも思ったのか？　鏡見ろよ鏡！　**オレは面食いなんだよ！この勘違いヤロウが!!**」と、**夜道を歩いていたら前を行く光浦靖子似のOLが走って逃げて行った時のように**、やり場のない悔しい怒りをぶちまけることだろう。

しかし、さすがに今日ばかりはオレも光浦OLの気持ちにならなければいけない。なにしろ強盗たちは**人間ができているので**、外見では人を判断しない。そして外見で判断しない代わりに、光浦靖子であろうと研ナオコであろうとＩＫＫＯであろうと平等に、**無差別に襲いかかる**のである。普段は何事にも動じないオリハルコンの心臓を持つオレも、ナイロビにいる間だけは自意識過剰になりながら**ＯＬやゴルゴ13を超えるハイクラスの警戒**を見せねばならない。

公園脇の道は人通りがなく、ここで襲われたとしても助けてくれる人はいなさそうだ。静かに……気配を消して……空気のように……

ウオっっ!!!!

突然前方の公園の茂みから、足取りもおぼつかない小汚いガキが2人道路に飛び出て来た。び、びっくりこいた……。

見るとガキは完全に目が死んでおり、２人ともコーラの空き瓶を手に持っているのだが、どうも様子がおかしい。何も入っていないように見える空き瓶を、ずーっと口のあたりに近づけて離さないのだ。こ、これはもしかして……空き瓶を笛の代わりにして、**ホーホーと演奏して子供らしくかわいくはしゃごうというのか？**

……いや、違う（わかってるが）。

シンナーだ。こいつらシンナー吸って飛んでいってらっしゃいやがる。

2人のガキは、オレの前方数ｍのところをあてもなくフラフラと歩いている。このままだと、オレは奴らの間を縫って歩かなければならない。そういえば、2、3日前に宿の女の子がシンナー吸ったガキどもにボコられて襲われて身ぐるみ剝がされたって言ってたな……。

………………。

こ、怖い顔だ！　怖い顔をするんだ!!

このお兄さんには、キミたちラリった状態では2人がかりでも勝てませんよ！　ていうか、東洋人はみんなカンフーが使えるんだぞ！　おまえらオレに絡もうなんて思ってみろ、オアチャ――ッ!!　と突き蹴りの乱舞、コテンパンの4つ折りに畳んでおたけびあげて「おまえはもう……死んでいる」だ！　アﾞーー！　やんのかコラ!!　命のやり取りを!!!

オレはとりあえず目を半分に細め、ズボンのポケットに手を突っ込みアゴを出し、**近所の猫も逃げ出しそうな大迫力**でシンナーコンビの横を不良っぽくさりげなく通りかかった。シンナー1号2号は、相変わらず死んだ目で瓶の中身をスースー吸いながら、しかしその表情には「**なんだこのアホっぽい外国人は……**」というオレへの**畏怖**が表れていた。

やんのかこのチュー坊が！　そして、ど、どうか見逃してください……（泣）。

シンナーバカ2人は、**バカだけに**オレのコワモテ作戦に見事に引っかかり、こいつに勝負を挑んだら命がいくつあっても足りないと悟ったのか、黙ってオレが通り抜けるのを見ていた。

それにしてもよく見ると公園の中にはまだまだ、道を挟んだ反対側にも、汚い格好でコーラの空き瓶を吸ってトリップしているガキどもが、友人と絡み合ったり地べたに転がったりベンチと一体化したり、まさに世紀末の様相を見せている。

こ、この緊張感は一体……。今の状況をたとえて言うなら、**徒歩で参加する、ガイドのいないサファリツアー**である。たしかにある意味、ナイロビ郊外を歩くのは、**ライオンを警戒しながら森の中で車を押していた時に通じる緊張感がある**。

ここで前方50ｍを行くスーツを着た黒人サラリーマンを発見したオレは、デューク更家なみのテキパキしたウォーキングで彼に近づき後ろに密着、**スリップストリームを狙うかのごとく**一緒に歩き出した。どうだ、オレを襲うんなら一緒にこのサラリーマンも敵に回すことになるぜおまえら……。とかいって、この人も実は**スーツでキチっと仕事をす**

る強盗だったりして。

しかし強盗のようで強盗でなかったビジネスマンのおかげで、オレはなんとか無傷で夢にまで見た聖地（いや、それほどではない）、エチオピア大使館へ辿り着いたのだった。そして、**ビザ申請に必要な証明写真を宿に忘れてきたという悲劇に気づくのだった。**

…………。

10分後、オレは**今来た道を引き返し始めた（号泣）**。引き返し始めるまで10分かかったのは、**もう一度あの道を歩くという決心がなかなかつかなかったからである。**そして宿に戻りリュックから写真を取り出し、また10分後に大使館に向かって歩き出した。

もちろん毎回公園のあたりを通過する時は、**近づくものは全て殺す**という、**故郷日本の鎌倉文化を代表する金剛力士像をイメージした鬼気迫る表情**を見せ、再びエチオピア大使館に辿り着く頃には、緊張と精神的疲労で**冷や汗の大雨洪水波浪警報**になっていた。

だがなんとかこれでビザ申請ができる。オレは靴を、そして汗だくの靴下を脱ぎ、**大使**

館員の軽蔑の視線を浴びながらパスポートとドル紙幣を取り出した。

うーん……。汗だくになって何往復も歩いただけあって、パスポートも紙幣も**なんか溶けてます。**

しばらくオレはひなたに移動してパスポートとお札を天日干しし、1枚1枚よく分離させてから再び申請用紙と共に提出した。

しかしなんだか、大使館員が汚物を見るような、**ものすごく受け取りたくなさそうな顔**をしているな……。なんだろう。あ、もしかして、「こんな汗と苦労の染み込んだ金、オレには受け取れん。大事に取っておけ」っていう、**北の国からのトラックの運ちゃんのマネだな？**　いや〜、違うんですよ。**これそういうお金じゃないですから！　安心してくださいって！　あははっ！**

……さて、用を済ませたからには帰り道はもう強気なもんである。なにしろ全財産もパスポートも大使館に預けてあり、今のオレはこの身ひとつ。襲いたければ襲うがいい！　何も奪われる物がない身では、殴られようが刺されようがなんら痛手ではないわ!!　わーっはっは！　**なんてウッソでーす！　お願い。襲わないで……（涙）**。

なんとか隠れ身の術を駆使して無事街まで帰ったその足で、オレはマサイマーケットに向かった。マサイマーケットというのは、週1度だけ開催されるマサイ族による市である。

とはいえ、暇つぶしにこそなれ、まあこう言ってはなんだが売りに出ているのは手作りのマントや装飾品など、はっきり言ってブランド志向のオレにとってはあまり興味をそそられない売り物が多い。

……うん。そうだよ。ブランド志向というのは**ウソだよ**。ごめんなさい。本当のところ、オレは**ユニクロ以外**の服屋には、「なに、おにーさん？　うちに何か用なの？　あんたそのセンスでうちの服なんて着こなせると思ってるわけ？　ねえ？」と**店員の女性に叱られそうで怖くて入れない**。なのでこういう素朴で庶民的な世界は大歓迎である。

ただバカにしているようであるが、庶民的な世界でもマサイの装飾品は文句なしにオシャレであり、日本でも十分認められている。なにしろこれらの装飾品を集めた「マサイマーケット」なる店が原宿にもオープンしているくらいだ。あいのりのヒデが始めた店である。

尚、このマーケットの開催地は小高い丘になっているのだが、問題はここが「いつ強盗・殺人事件が起こっても不思議ではない」ダウンタウンの入り口だということである。原宿のお店とは違い、ここでは民芸品を見て歩く時も**殺されないよう十分注意しなければならない**。

それにしても週1回しか開催されないだけあって、実に満員電車並みの賑わいである。これだけの客を集めるということは、どれだけマサイ族の手作りの品が人々に認知されているかということが本当によく**パーン!**

にょえ〜〜〜〜〜〜っ!!!!

パーン!　パーン!

ぐぎゃ〜〜〜〜〜〜〜っ!!!

この旅で2度目に聞く銃声にダウンタウンの方を見下ろすと、丘を100mくらい下った先から**2発目、3発目の銃声と共に、50人くらいの黒人が死に物狂いで逃げて来るのが見える。**

…………。

なんだかわからんけどオレも逃げるぞっ（涙）‼　学校で教わったことは多分こういう場合は逃げた方がいいだろ！　ないけどっ‼

オレはとりあえず**マトリックス方式**で背後にのけぞって銃弾を避けてみようと、なんてことは一切思わず、ダウンタウンからアップタウンに向かって**散々に逃げ散らかし、**あわわわとカニのように泡を吹きながら宿へ逃げ帰った。あわわわわ……（泣）。ま、まだ昼間なのに……。

とりあえず、しばらくは銃弾が追ってきているかもしれないので、ベッドに隠れてやり過ごす。**なんなんだ一体……**。

でも、無事逃げ切れてよかった……。的確な判断だったぞ。もし他の黒人が全員逃げ回っている時に1人でキアヌ・リーブスの真似をしてヒラヒラとのけぞっていたら、オレと犯人だけがポツンと取り残され、たとえ銃弾は避けられても**銃底で殴られて一発**である。あんなことは、キアヌ・リーブスのような男前だからこそできることだ。

しかし、オレは一体何をやっているのだろうか。ほんの数カ月前までは、注意しなけりゃならないのはせいぜいワンクリック詐欺やキャラクターの体力ゲージで、**強盗とか銃声とか怖がる必要は全然なかったのに（号泣）**。ここでグーグルの検索や無双乱舞（テレビゲームの三國無双シリーズの必殺技）をどんなに上手く使いこなせても、**強盗と戦うことはできない**。違う環境では、自分の武器というのはここまで役に立たなくなるものなのか……。といっても無双乱舞を使いこなせたことが実生活の役に立ったことは**日本でも一度もないが**。

ああ……オレはただ有給休暇中のＯＬ３人組のような、**無難な旅**をしたいだけなのに。安全で快適で食事もおいしく泥棒もおらず清潔で疲れなくて、でもアフリカならではの大自然や動物や遺跡はちゃんと堪能できるという、**そんな都合の良い旅がしたいだけなのに**。

オレは世の親御さんたちに言いたい。「かわいい子には旅をさせろ」とはよく言うが、**旅をさせた後に無事で戻ってきてほしかったらナイロビを旅させるのはやめといた方がいいでしょう（涙）**。

もうオレは帰りたい。

突撃隣のマサイ族

乗り合いバス。急病になったら、運賃を払えば病院前のバス停まで連れて行ってくれる（乗客として）。

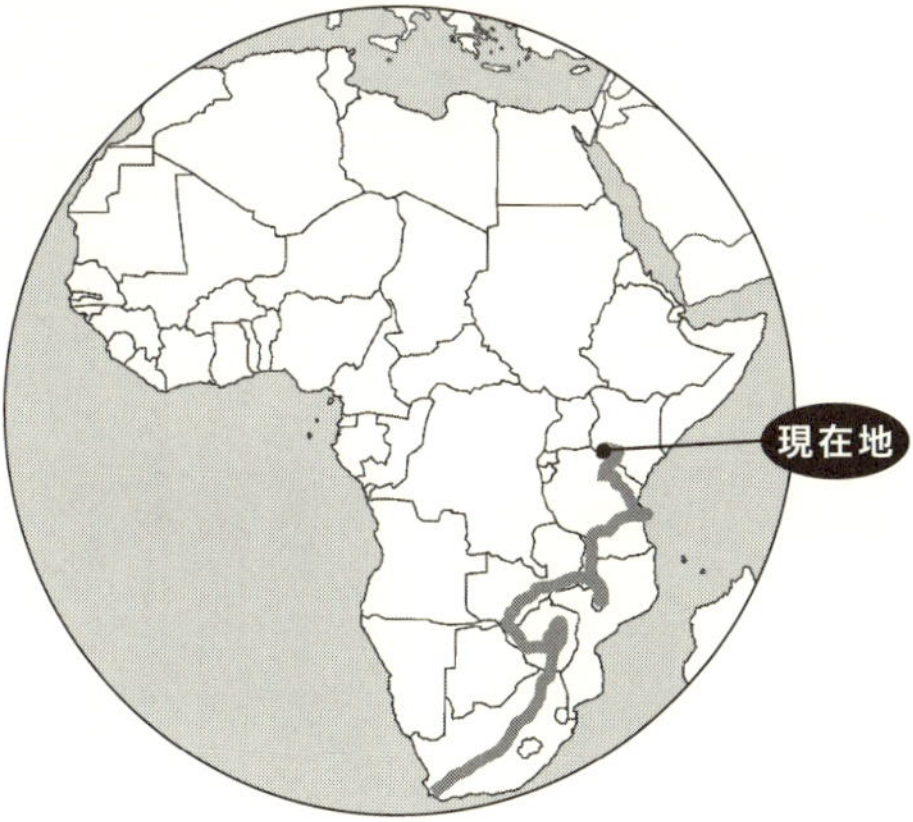

申請中のビザが発行されるのは数日後であるのだが、それまで呑気にナイロビで待っているわけにはいかない。用事が済んで油断しきった外国人がこの街でフラフラと観光しているのは、**闘牛の群れの中をジュディ・オングの衣装を着て散歩するようなもんである。**ものすごい勢いで標的になることだろう。

よってオレは、今日から1泊2日でケニア版のサファリツアーに参加することにした。ナイロビから200㎞ほどの場所にあるマサイマラ国立公園という場所なのだが、今回は**マサイ族の村を訪問する**という軽々しいイベントがツアーに組み込まれている。

まあ本来ならばマサイの村にはガイドに連れて行ってもらうのではなく個人的に立ち寄りたいところだが、アフリカのサバンナを数百㎞にわたって遠路はるばる訪ねて行かなければならないため、オレ1人の場合は多分途中で**捕食**され、ライオンがオレを食べているところを**観光に来た他のツアー客が写真を撮る**ということになる可能性が高い。その点専門のガイドは動物の生態もマサイ村の場所ももれなく把握しているので、彼に従って行けば**食料デビュー**は避けられるに違いない。

ゴイ〜ン「イダーッ（泣）!!」
ゴイ〜ン「イダーッ（涙）!!」

出発から数十分、タンザニアの時と同じく4WDのRV車に乗ってマサイマラを目指しているわけであるが、ナイロビ市街から少し離れると道はもはや道と呼べず、剝《む》き出しの土の道路は**トムとジェリーに出てくるチーズ以上**の想像を超えたでこぼこさ加減で、走行中に**体が宙を舞ったと思ったら車の天井に頭がぶち当たり再びシートに落下する**という、常識的に考えてあり得ない**激しい拷問**が車内で繰り広げられていた。

なんか少しずつ首が胴体に刺さっていってるような気がする。ああ、1撃ごとに段々若かりし日々の記憶が薄れてゆくような……。

ゴイ～ン「アダーッ!!」

ゴイ～ン「イデーッ（号泣）!!!」

……頼むからもっと平坦な道を造ってくれ！　クレアラシルとビフナイトででこぼこをなくせ!!

もしオレが炊きたての米を持って車に乗っていたら、きっと到着時には**美味しそうな餅ができていることだろう。**

とことんシェイクされ**貯金箱の中の小銭の気分**を味わいながら、ケニアの辺境を頭をかち割りつつ数時間走り、やっとのことでマサイマラ自然保護区へ到着した。あのお、頭が痛いので、もう帰らせてもらえませんか（涙）？

マサイ村の訪問は明日になるため、その日はタンザニアのサファアリと同じくサバンナを疾走しながら野生動物を探して盛り上がった。この国立公園は大阪府に匹敵する広さで、素人目には走っても走ってもひたすらブッシュなのだが、そんな場合も見渡す限りの黄緑の中からガイドは見事にライオンの群れを発見してくれる。

一体彼の視力はどうなっているのだろうか。これだけの視力を持っていたらテストで**カンニングし放題**ではないか。うらやましい。きっと彼は学生時代、試験勉強いらずだったに違いない。と言いたいところだが、ケニアの学校では皆視力がよく生徒は**全員カンニング狙い**で、**誰もまともに勉強していないため結局カンニングできる対象が1人もいない**なんてことも考えられる。

1日目は無難に終わり、翌日遂にマサイ村を訪れる時がやってきた。もちろん訪れるといっても本当にアポなしで押しかけるわけではなく、バラエティ番組で若手芸人の部屋を訪問する時のような、**打ち合わせ済みだけどどちらもアポなしのようなリアクションをする**という、予定調和型の企画である。

ただ、だからといって作られた村では決してなく、サバンナに点在し実際にマサイ族が暮らしている、れっきとした本物マサイ村である。同じ観光用の村でも、**営業時間が終わ**

ると住人である忍者がマイカーで帰宅する日光にある村とはリアルさが違う。

ここでまずマサイ族の村という概念について説明せねばなるまい。彼らの1つの村は周囲を木の枝や高い藪で囲まれ完全に独立しており、その中には、多くてもせいぜい200人くらいしか住んでいない。基本的には何十人という少数のため、**「今日は部長と接待ゴルフなんだよなー」**と奥さんにボヤいて出かけ、村の片隅でこっそり**愛人とデート**をしても、**一瞬で村民全員に行動が筒抜けになる規模**である。

まあその場合は集落を出て遠くまで逢い引きの場所を広げればいいのだが、1歩村から出てしまうと不良はいなくとも**バッファローとかヒョウとか**にからまれる可能性がある。さらに川などに入って、「アハハハ！　それ、それ！」「キャッ！　つめた〜い！　もう、やったな！　えいっ！」「ブワッ！　ごめん！　わるかったよ‼」「許さないんだから！　もう、**カションバイのバカ！**　えい！　えい！」などとじゃれあっているうちに**ワニに食われるだろう。**

普通男は体を張って彼女を守るものだが、ワニやライオンの群れにからまれた日には、それこそ本当に体を捧げて彼女を逃がさなければならない。そのシーンを「自分を犠牲にして彼女を守った美しい話」として映画化しても、恋愛映画というより**スプラッター映画**になりそうである。

これがマサイ村の入り口であるわけだが、このように藪や枝などで壁を作り、人の出入りする時だけ門を開けるらしい。無理矢理入ろうとすると全身傷だらけになりそうな、なかなかの厳重さだ。といっても、マサイ村に泥棒に入るのは**ハイリスクノーリターン**なので、そもそも盗みに入ろうとする輩《やから》はいないだろうが。

村の正面で車を止め、じゃあそろそろお邪魔しようかな……と村に入ろうとすると、だーれもオレについてこない。

「ねえ、みなさん、早く行きましょうよ。村を訪れに。そして族のみなさんとふれあい、地域交流を深めましょう」

「いや、実はマサイ村訪問がスケジュールに組み込まれているのはオマエだけなんだ。オレたちはまたしばらくサファリに出かけるから、1人で楽

しんでこい」

ガビーン！

なんですと！　1人ですと!!　せめてガイドくらい一緒について来てほしいんですけど……。オレ1人じゃ確実に浮くだろうが！　**オレは他人とのコミュニケーション能力が不足しているんだよ!!**

「ヘイ！　ユー！　ハバリムズリジョモンガ!!　カモーン」

ところどころ片言の英語が混ざった呼びかけの声に目をやると、藪に囲まれた集落の中から、2、3人の真っ赤な装束のマサイ族が**槍を持ってオレを手招きしている。**

「ちょ、ちょっと待って。なんか1人で入るのは怖い……」

「ナホ！　タムジャリナマンガ!!」

「は、はいっ！　すいません。大至急お邪魔させていただきます」

マサイ語でもなぜか**雰囲気で意味がわかってしまう**ことにやや驚きをおぼえつつ、しぶしぶ1人で村へ入っていく。イバラの門をくぐった途端、集落内にいるマサイ族の目が一斉にオレに注がれる。なんだよ！　人のことをジロジロ見るなんて失礼だぞ!!　**何が珍しいんだよ！　見世物じゃないんだよオレは!!!**　↑観光の一環としてマサイ族を見物しに来た人間の発言周囲を藪に囲まれているため、中は想像以上に狭く感じられた。中央には何もない広場があり、その広場を囲んで円形に家が並んでいる。

「よく来たな！　さあ、こっちだ」

「ど、どうも。なんだか立派なお宅ばかりですね……（お世辞）」

「中は自由に見学していいぞ。ここはほんの50人しか住んでいない集落だが、大きな村と全く変わらない造りになってるんだ」

「すみません、なんか気を遣っていただいて……」

「いえいえ」

オレを呼び入れてくれたこのマサイの青年は普段も村の案内役をしているらしく、大体オレと同レベルの**イクラちゃんクラス**のカタコトで英語が話せるようだ。ちなみに本人同士は真面目に話しているつもりだが、オレたちの会話を英語のネイティブが聞いたら**バブバブ言っている**ようにしか聞こえないだろう。

「よし！　男ども全員集合!!　シュウゴウモジャ！」

案内マサイがひと声かけると、集落の中の男が全員集まってきた。

「じゃあわが友人の来村を祝って、本日のマサイジャンプだ!!」

「へーイ！」

掛け声と共に今度はわらわらとオレの正面に集まり、戦士たちは1人ずつ交代で前に出てビヨンビヨン跳ね出した。

マサイ族の男性は毎日朝早くからたくさんの牛を連れて放牧に出かけるのだが、ただ牛を連れ歩くだけではなく、牛を守るために**ライオンなどの肉食獣と戦う**というのも彼らの大きな仕事であるという。そんな戦いの日々で身についた瞬発力というのは相当なものらしい。

とはいえ、「マサイジャンプ」と独自の名称がついているわりには、言っちゃ悪いがただ跳ねているだけであまり面白味がない。これならヤングジャンプの方がグラビアもついていてお値打ち感があるような……。

たしかに一般人レベルでみたらすごい跳躍力だとは思うが、こちとら日本の引きこもり、スーパーマリオや仮面ライダーなど**常軌を逸したジャンプ力を持つキャラクター**に馴染み深い身では、なかなかこれしきの跳躍では驚かない。

「さあどうだ！　マサイジャンプ、すごかっただろう！」

「すごいっ！　まさかあんなにも高く跳べるなんて、予想だにしませんでしたよ（大人としての発言）！」

「へっへっへ。そうだろう。じゃあ次だ！　女ども！　集合！」

「ハ～イ！」

今度はカラフルな格好をしたマサイの女性がオレの前に横一列に整列し、歓迎の歌を歌い出した。マサイソングだそうな。

これはたしかに外見に似合わず（大変失礼）、美しい歌声である。マライアやセリーヌも真っ青な高らかな歌声。しかし、中の2、3人の若い子が視線が定まっておらず、**明らかに照れている**のが気になる。そして、1人で歌を聴くはめになっているオレも**かなり恥ずかしい**。

こういう時はどういう態度でいればいいのか。ゲストの歌を聴く女子アナのように、マイクを持つ手で軽く手拍子を打ちながら**にこやかに首を左右に傾ければいいのか**。それとも、ものまね王座決定戦の審査員のように**ヘッドホンを逆向きにして両手で押さえながら、びっくりした顔をして聴けばいいのか？**

結局オレは、頭の中で10通りくらいのリアクションを考えながら、**最後まで仏頂面で歌を聴いていた**。自分のキャラクター以上のことは、**できません**。

「ららら～……♪」

歌が終わった。

パチパチパチパチ……。一応国際的な礼儀として、頑張って笑顔を作り、感謝を込めた拍手をしておく。

………。

気まずい。歌い終わったマサイ族も彼女たちなりにこの拍手が国際的な義理だということをよくわかっており、**「この空気をどうしましょう……」**という困惑を、**硬直した笑顔**で思いっきり表している。そして1人の客の前で**解散するきっかけを掴めずにいる**。多分白人のグループだったらもっと情熱的な拍手と「ブラボー！」などの声援が飛ぶんだろうが、悲しいことに**オレの脳はそういうことをするようにプログラムされていない**。

………（お互いそのままの体勢で固まること数十秒）。

「よし、じゃあ次はオレの家へ案内してやろう！　さあさあ、みんなは帰った帰った！」

幸いにも案内役のマサイが機転を利かせてくれ、彼の仕切りで女性たちはバラバラと村の四方に散って行った。た、助かった……。

オレは2人のマサイについて1軒の家へ案内された。ちなみに、マサイ族の家は一般に藁と**牛フン**でできている。骨組みこそ土や木だろうとは思うが、仕上げに牛フンを塗り込みカチカチに固めているのだ。なんかもうこの場では普通に感じてしまうが、冷静に考えてみればそれは**ものすごいことではないのだろうか？**

尚、多分耐震設計はされていないだろうが、逆にマサイ家屋は**地震で全壊してもフンにまみれるだけで済みそうだ。**むしろ地震大国日本ではこういうフン設計を少し取り入れた方がいいのではないだろうか。おもらしした時も**壁に塗り込んでごまかせる**ので、もしもの時の対処も安心だ。

「よく来たな」

「はい。お邪魔します……って**何も見えねー!!**」

牛フンで塗り固められたマサイ家お宅訪問だが、そもそも電気などという**エジソン的なもの**はここにはないので、招待されたはいいが家の中は**漆黒の闇**である。

「あの、すいません！　マサイさん、どこにいますか？」

「ここだよ」

「どこ？」

「こっちこっち」

……うーむ。家主は１００％闇と一体化している。これでは**建もの探訪に来た渡辺篤史でもさすがにコメントの出しようがないのではなかろうか。**オレは手探りでリュックから携帯用の強力ペンライトを取り出して、枝とフンの小屋へ文明を持ち込んだ。

するとライトに照らされて、**漆黒の闇の中に武器を持つマサイ族の姿がボーっと浮かび上がった。**

「ぎゃ―――――っ!!」

「うるさいなおまえっ!!　人の顔を見て悲鳴をあげるとはなんて非常識な奴だ！」

「だって……怖いんだもん……」

「まあいいや。せっかく便利な物を持ってるんだから、ちょっとこっちを照らしてくれよ」

うーむ。電気をつけたら部屋の中に**刃物を持った男が立っている**というこの現象は、日本だったら**刑事事件**である。が、ケニアのマサイ村であるために、なんとか警察を呼ぶことも命乞いをすることもなく、徐々に冷静になることができた。適応というのはすごいなあ。

小屋の中はジンバブエで訪れた予言者の家の構造

とそっくりであった。木の枝で組んだベッドやテーブルがあり、生活感を感じさせる。

「さて、実はおまえにちょっと頼みがあるんだが……」

「な、なんですか？　はぐれメタルが仲間にならないとかですか？」

「オレたちはゲームなどやらん!!」そんなことじゃないよ。ここに観光客からもらった20ドルばかしあるんだが、オレたちケニア人だからケニアシリングに両替してくれないか？」

「あ、ああ、そんなことですか。いいですよ……」

オレたちは狭い小屋の中、懐中電灯で手元を照らしながらこそこそと両替をした。葉巻をくゆらせながらゆっくりと紙幣を数え、後ろで待機する若いもんに顎で合図すると、スーツケースを机の上に広げブツを相手に確認させる。日本だったら**舘ひろしと渡哲也が踏み込んで来てもおかしくない場面だ。**

「よし、サンキューな」

「どういたしまして」

「じゃあそろそろお引き取り願おうか」

「両替したかっただけかよ!!」

ということで、オレは用済みということで早々とマサイ家から放り出された。まあ仕方がないな……。金を払って自分たちを見学に来ている観光客には、彼らもそう簡単に心を開かないのだろう。

最後に案内役のマサイと握手を交わし、村を後にする。

彼らマサイの戦士は、敵から逃げることを最も恥とするという。相手がライオンでも人間でも、**逃げるくらいなら死んだ方がマシ**なのだそうだ。まさしく生まれながらの戦闘民族だ。ちなみにオレは、**死ぬくらいなら逃げる方がマシ**という考えである。

ナイロビに帰る途中に同じようなマサイの集落をいくつも窓の外に見たのだが、ブロードバンドも普及していなさそうなあの村で、彼らは幸せに暮らしているのだろうか。彼らには彼らなりの幸せがある、という無難な言葉でここは締めくくるべきなのだろうが、正直なところ今の時点ではオレにはそうは思えない。

もっと人生経験を積んで、そういうことがわかる渋い大人に自分がなっていればいいなと思う、今日この頃である。

驚異の赤道実験

近年のエコブームに便乗し、自然に優しいスローライフを送っている流行に敏感な人々。

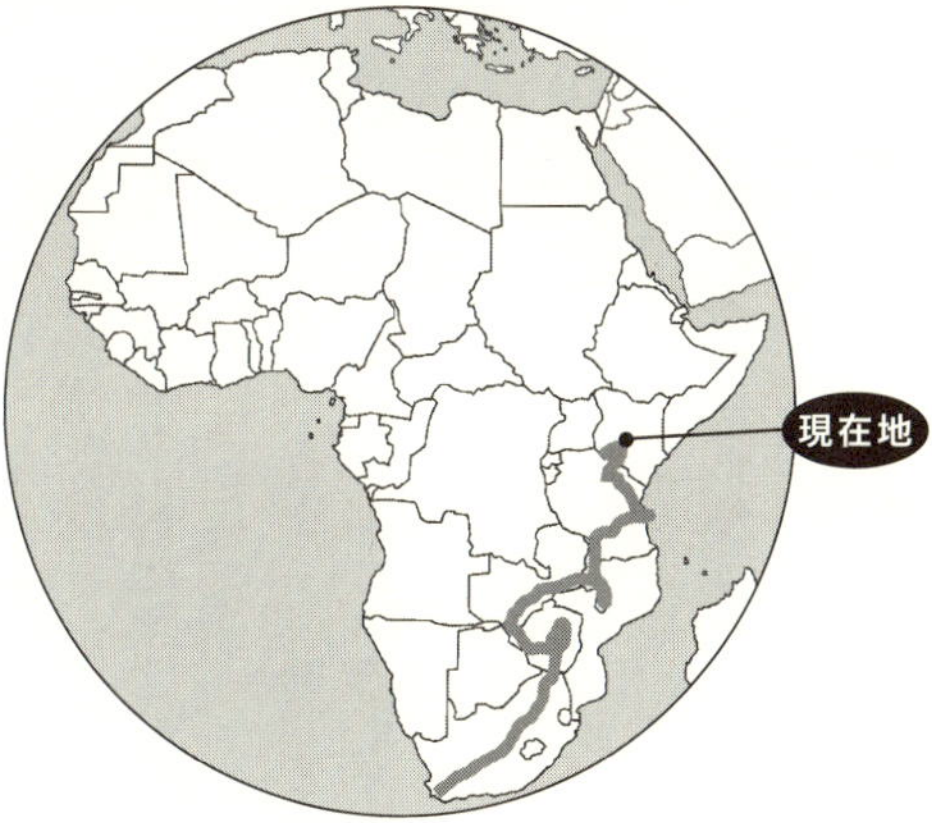

ナイロビに帰ったオレは、早速エチオピア大使館を再訪しビザを受け取った。これでやっと、この街から脱出できる。

帰路はまたシンナー軍団の徘徊する公園を通って帰るわけだが、なんといってもこれだけ怖い思いをしてようやく手にしたエチオピアビザつきのパスポート、何が何でも奪われるわけにはいかん。今持っている貴重品はこのパスポートと**命**だけだが、もし強盗にどちらかを差し出さねばならないなら、**命の方を差し出すからパスポートだけは勘弁してくれと言いたい。**

ナイロビでの職務が終われば、治安についての不安ともさよならである。晴れてこの街を抜けた暁にはひとり祝杯をあげ、思いっきり夜中の2時に**ポケットというポケットから札束を覗かせて**外出し、治安の良さを噛みしめることにしよう。

そしてオレは1週間を過ごしたナイロビを出て、北に向かった。

…………。

バカヤロー！　このナイロビの変態が!!　神経遣わせやがって！　夕方以降出歩けないってどんな街なんだよ!!

はあ……はあ……。まあそういうことだ。とりあえずこれでアフリカは後半部分に突入である。鶴の恩返しで言ったら、**おつうが部屋に籠ってガッタンゴットンと秘密活動をし始めたあたり**だろうか。

さて！

あーっはっは！……このように、今のオレは油断すると思わず下品な笑みがこぼれてしまうのだが、これは別にナイロビの危険から逃れることができたからでも、**インターネットでフジテレビの中野美奈子アナウンサーの結婚報道を見てあまりのショックで気が触れたわけでもない**。いや、厳密に言うとその2つの理由も**たしかにある**が、もっと大きいものとしては、**聞いておどろくなよ**、なんともうすぐオレは赤道を越え、**北半球**に突入するのである!!

…………。

誰もおどろかなかったようだが、しかしやはり故郷から遠く離れる身としては、北半球になるというだけでも日本に近づいた気がしてうれしいのである。ああ、早く日本に帰りたいなあ……（中国は？）。

さあ赤道を越え北半球に入る瞬間は、カウントダウンを唱え、たった1人だが盛大に突入を祝おうではないか！　と思っていたらいつの間にかあっさりバスで赤道を通過したようで、終点である北半球の入り口ナニュキという町に着いてしまった。なんとなく**赤道は赤いか**

ら越える瞬間がわかるんじゃないかと思っていたが、どうやらオレは**大人たちに騙されていたようだ。赤道が赤いというのはウソらしい。**

バスを降りるとすぐに安宿にチェックインし、歩いて赤道まで向かうことにした。では早速、宿のおばさんに場所を尋ねてみよう。

「すいませ〜ん。赤道まで行きたいんですけど、こっから歩いたらどのくらいですかね？」

「すぐよ。すぐ」

「そうですか？」

「せいぜい5㎞くらいね」

「おお〜、それはすぐですねえ。って**どんなすぐなんだよっ!!**」

「なに言ってるの！　若いんだからそれくらい平気でしょう！」

「若いですけど……でも僕は若い中でも最弱の部類で……」

……一体ケニア人はどういう距離感をしているんだ。その感覚、激しく間違っている。**パーマン3号の正体が林家パー子だと思い込むくらい激しく間違っている。**もし日本で彼らと行動を共にしたら、移動のたびに「ひと駅くらい歩きなさい」と説教され、電車にすら乗せてもらえないだろう。のぞみに乗る時でさえ「ひと駅くらい歩きなさい！」と**東京から名古屋まで歩かされそうである。**

まあ、５㎞くらいなら一生懸命努力すれば歩けない距離ではないか……。じゃあ、**ちょっくら南半球まで歩いてくるか。**というとなんかおおごとに聞こえるな……。

猛スピードの競歩で４、50分町のメインストリートを南下すると、なるほど、「赤道」と書かれた大きな看板が見えてきた。

色あせた看板に近づいてみると、そのすぐ下の地面には赤道を意味するラインが引かれている。

よ～し……。

どうだ！　汚いクツだろう!!

……間違えた。

どうだ!!　左足北半球、右足南半球だぜ!!

中央のMはMではなくウエスト（西）のWである。

どうだ！　と言っても、**見てる方はどうでもいい**

しそんなことを自慢されても迷惑でしかないと思うが、本人は興奮して思わず写真を本に載せてしまうという、**子供の写真を年賀状に印刷する新婚夫婦くらいの空気の読めない盛り上がり**が赤道にはあるのだ。ふふふ。バカバカしいだろう！

嬉々として線をまたいだり、赤道を使って**反復横跳びをしたり**と不謹慎に騒いでいると、オレと同年代に見えるわりには随分偉そうにのけぞった若造が近づいて来た。

「おい！　そこの日本人！」

「なんだそこのケニア人‼」

「おまえコリオリの力って知ってるか？」

「知らん」

「まったく学がない奴だなあ。もしかして大学中退じゃないのか？」

「ほっとけ‼‼　履歴書には卒業って書いてるけど1回もバレたことはないんだよ‼」

「ウソを書いちゃいかんよ」

「あの、そうやって突然外国人に説教を垂れているあなたは誰ですか？」

「オレか？　オレはプロフェッサー（教授）だ。ヒマな時にこうやって赤道の周辺で観光客に実験を公開しているんだよ」

「教授と名乗るわりには若いですね……。どこの大学のプロフェッサーなんですか？」

「……。いいか、コリオリの力というのは……」

「まてコラッ!!　おまえただの自称教授だろ！」

「まあ聞きなさい。北半球と南半球では、たとえば風呂場の栓を抜いたとき、渦ができる方向が変わるんだ。北半球なら右回りに、南半球は左回りに」

「あ、なんか聞いたことある」

「そうだ。一度は聞いたことがあるだろう。それがコリオリの力だ」

「それがってことは、その渦の向きが違うという現象をコリオリの力と呼ぶの？　現象を指す言葉なら○○の法則とか○○の定理とかになりそうな気がするんだけど。現象そのものというよりも、その現象の中でどこかに発生して現象を作り上げる力のことを指すんじゃないの??」

「……。コリオリの力はコリオリの力なんだよ!!　クレームは禁止だっ!!　じゃあ早速実験に移るから」

　突然赤道から湧き出してオレに話しかけてきた若教授は、看板の下に備え付けられている実験道具を意気揚々と出してきた。

大体、オレはそんな選択科目を申し込んだ覚えはないのだが、ここに来た旅人はこの授業が必須なのだろうか。

とはいえ、魅惑のチキルームやカントリーベアシアターでは**どんなに他の客が冷めていようともちゃんと係員と一緒に手拍子をするほど真面目なオレ**は、この突然の課外授業も欠席することはできない。大学中退の分をここで取り戻そうではないか。って中退のことは内緒だよみんな。派遣の仕事に就く時に支障が出るから。

彼が使ったのは水差しとじょうご、そして折れたマッチ棒である。じょうごにマッチ棒を浮かべ、出口を指で押さえて水を注ぐ。そして指を離すと水が流れ出る時に渦を作り、マッチがくるくると回るのだ。

「ほらみろ。ここは北半球だから時計回りなんだ。じゃあ今度は南半球に行ってみよう」

そしてそのまま赤道から10m南、つまり南半球に移動して同じ実験をすると、見事に渦が反時計回りになった。

「どうだ、好奇心をくすぐられるだろう！　さらに今度は北半球でも南半球でもない、**赤道の真上**でこれをやると一体どうなると思う？」

「その得意そうな口ぶりからしてどっちにも回らないんだろう」

「……。そういう言い方されると気分悪くなるな……」

「すみません。何せ私は1を聞いて10を知る男、**歩くクイズドレミファドン**と呼ばれていまして」

「まあ実際に見せてやろうじゃないか」

教授は看板の真下、つまり完全な赤道直下に移動して同じように水を注ぎ始めた。しかし、今回はなんだかさっきと比べて**ものすごく慎重にやってるような気がする。**うーむ。怪しい。

「よ、よーし……ほら、見てみろ。ここではマッチ棒はどっちにも回っていかないだろう？」

「なんか最初の2回に比べて今のだけ妙にゆっくり水を流してたような感じがするんですけど……」

「**何を裕次郎島倉千代子!!!　この非国民が!!**　ちゃんと自分の目で見たものを信じなさい！　事実、北半球と南半球では全く逆方向に渦ができていただろうが！」

「まあたしかに……」

「**わかったろう、これがコリオリの力だ!!**」

「だからこれはあくまで現象であって、コリオリの力って言うならそれはどこに加わるどんな種類の力でどんな理由で発生するのかを説明してくれないと……」

「**シャーラーーップ!!**　じゃあこれで円満に実験は終了したから、授業料としていくらか払いなさい」

「**予想通りの展開!**　仕組みは全然教えてくれなかったくせに……。っていうか、あんた理論は全くわかってないんじゃないの？」

「バカもん！　理論とか法則は、実験の結果を踏まえておまえ自身が考えることである。これから宿に帰って自分で考えるように」

「こういう時だけもっともらしいことを……」

仕方なくショーの見物料としてオレが小銭を渡すと、インチキ若教授は満足そうに去って行った。

しかし本当に赤道からわずか10m移動しただけで、コリオリの力というのは働くものなのだろうか？　そもそも、前提としてこの看板自体がちゃんと赤道の真下にあるのかあやしいもんである。なにせ、このナニユキの町には何箇所か赤道を示す看板があるのだが、**どう考えてもそれぞれの看板が指している赤道の位置がずれているのである。**一応地元民にクレームをつけると、「場所がちょっと離れてるから**ずれて見えるだけ**さ！　ちゃんと同じライン上にあるんだよ！」と言っていたが、念のため片方の看板から赤道の線に沿って草むらをトゲに刺さりながらずんずん進んでみると、辿り着いた場所は**もう一方の**

看板とは程遠い場所だった。

そもそもこの実験がインチキでないのなら、オレがやっても同じ結果が得られるはず。オレは、水差しとじょうごをこっそり拝借して、自ら赤道のラインの真上に立った。マッチをじょうごに浮かべてゆっくりと水を……

「バカも——ん!!」

「おおっ！」

遠くからオレを罵る声に驚きふと見ると、さっきの若教授が血相を変えて駆け寄って来ている。

「それはおまえのようなシロウトが触っていいもんじゃない！　返しなさい！」

「いや、ただの100円ショップで売ってそうな水差しじゃないですか」

「うるさいっ！　ケニアに100円ショップなんてない!!」

「いいじゃないですか、やらせてくださいよ～」

「ダメだ！　もうおまえはあっちいけ！　しっしっ!!」

教授は意地悪にもオレから実験道具を取り上げると、もう国に帰れとばかりにガルルルとうなり出した。教授のとる態度ではない。というか、**その必死さが先ほどの実験の信憑性を著しく下げているような気がするのだが。**

どうやら日本ではオレオレ詐欺ブームの真っ只中、ケニアでは**コリオリ詐欺**が横行しているらしい。しかしこちらの場合は被害額が**20円ほど**で済むため、特に社会問題にはなっていないようだ。

さて、赤道をまたいでとりあえず満足したオレは、すかさずナニユキを出て北へ向かった。次の町はエチオピアへの玄関口、イシオロだ。……さあ、**いよいよ文明が遠ざかっていくのを感じますよ。**

イシオロという町は、ケニアを走るバスの終点である。ここから北、エチオピアに入るまでは**公共交通機関が全く存在しない。**ついでに言うと、**時々ゲリラが出るらしい。**

ただ、バスはないが「ローリー」と呼ばれる大型のトラックがイシオロからエチオピアとの国境の町まで走っており、そのトラックと交渉すれば料金を払って荷台に乗せてもらうことができるのである。そしてトラックの荷台で2日がかりで国境まで向かうのだ。

……え？　そういうシステムができあがってるなら、公共交通機関が全く存在しないなんて大げさに言うなって？

…………。

大げさに書いた方がワイルドな旅に見えるだろうがっ!!　「料金を払ってト

ラックに乗った」より「交渉してなんとか国境まで乗せてもらえることになった」の方がすごいことに感じるだろうがっ！　イメージアップを狙ってるんだよ!!

……さて、イシオロの町に到着した頃にはもう夕暮れになっていた。

さびれた商店街でマサイ族の衣装である真っ赤なマントを購入し、明日に備える。なにしろ早朝からトラックの荷台で吹きっさらしになるのである。寒さに対応する準備も必要だ。

夜になりマサイマントを手に宿の周辺をウロチョロしていると、小さな銀行の前で直立不動だった警備員が、不動を崩し話しかけてきた。

「おまえマサイマントを買うなんていいセンスしてるじゃないか！」

「センスをお褒めにあずかりありがとうございます」

「実はオレもマサイ族なんだ。こんな所で出稼ぎ警備員やってるけど」

「あら！　やっぱり戦士だけあって警備員が適職なんですねえ」

「ああ。ファイターだから、どんな敵が来ても怖くないからな。でも明日の朝まで**15時間**もここに立ってなきゃいけないんだが、**それが強盗と戦うより苦しいんだ**。まったくマサイ族使いが荒いやつらだよ、ここの経営者は」

「うわー。15時間はきついですね……。それは労働環境の改善を求めて労働局に直訴した方がいいですよ」

「いや、そういうことをするとマサイ族全体に迷惑がかかるからな。今はただ一生懸命働いて、オレたちの地位を確立するのが先だ」

「過ごしづらい世の中になりましたね、マサイ族さんにとっては……」

彼はケニア北部出身のマサイ族で、名を**ホレレカヤ**というそうだ。ナイロビのカションバイといいホレレカヤといい、相変わらず**とことん日本人離れしている名前だ。**特筆すべきは、彼は5年前に成人の儀式で**ライオンと戦った**ということである。

「ナロクという場所の近くにオレたちは住んでいるんだが。成人を迎える7人で1組になってな、ライオンと戦うのがしきたりになってたんだ」

「ひえ〰〰！　なんかアフリカの原住民みたい……」

「**そのものだよ!!**　グループで囲んでいくんだけど、そのうち追い込まれたライオンが飛び掛かってくるんだ。そしたらすかさず地面に槍を突き立てて、グラインドして逃げる。そうするとライオンが槍に突き刺さるんだ」

ホレレカヤの話によると、やはり何人ものマサイがこの儀式に失敗して命を落としているらしい。戦士として成人を迎えるとは、こんなにも厳しいものなのか。

「いいか、おまえも**将来のために**よく覚えておけ。ライオンに噛まれそうになったら、**ひげを思いっきり摑んで睨みかえすんだ。怯えたり逃げたりしたらすぐやられるから、絶対怖がるんじゃないぞ!!**」

「いいや、将来その知識を実用する**機会はない**と思うのですが……」

「なんだ。日本ではそういう儀式はないのか？」

「成人式で人の話を聞かずに暴れるクソバカなガキはいますけど、特にライオンと戦ったりはしないです」

「そういう奴らこそ、ライオンと戦わせた方がいいんだ。厳しい試練を乗り越えるからこそ周りからも認められるんじゃないか」

「まあたしかにそこまでしたら周りの大人も見る目が変わりそうですね……。さすがに彼らがライオンと戦うことになったら、僕も応援すると思います。全力で応援します。**ライオンを**」

「若者に容赦ない奴だなおまえは……」

「だって、ああいう人の迷惑を考えない成人はどんどん死んでほしいんだもん」

「こらこらっ！　そういうことを言うんじゃない！　おまえにだって新成人の頃があったんじゃないか」

「はい。でも僕は同級生に会うのが怖くて、成人式には行かずに部屋でゲームをしていました。ドラゴンクエストやファイナルファンタジーをしていました。どうせまた仲間はずれだろうし。高校のクラスメイトとかがみんなで集まって記念写真を撮っているのを、遠くから見ているハメになるんだどうせオレなんて」

「なんてさみしい人……。でもなかなか楽しい奴だなおまえは。今度オレの村に招待してやるよ。次はいつ来るんだ？」

「次か……。多分、次はないと思う……」

「そうか。帰ったらまた元の引きこもりに戻るんだな。残念だなあ。でももしかしたらまた来るかもしれないよな？」

「そうだね。絶対ってことはないからね……。もし何年か経ってまたケニアに来ることがあったら、その時はきっと」

「よし！　じゃあとりあえずまた明日の朝会おう！」

「うん、それまで仕事がんばってハレルヤン」

「ホレレカヤだっ!!」

ケニアの片隅で、結ばれては解けていく僅かな絆。しかし旅先の友情というのは、このように短く表面的だからこそ良い思い出として残るのではないだろうか。まあ、それもまた友情。

ハレルヤンとオレの人生が交わるのはきっとこれが最初で最後だろう。だがもし次の機会があれば、**できればエアコンとホットシャワーと水洗トイレとインターネット環境を用意しておいてほしいが、**ぜひ喜んでマサイの故郷へお宅訪問し、一緒にＷｉｉなどで盛り上がりたい。

それにしても、自分の知らないところで知らない人の人生がちゃんと動いているというのは、本当に不思議なことだなあ。

殴打された匹夫

赤道直下に毎日出没する自称プロフェッサー。大学に出勤している気配はない。というか近くに大学がない。

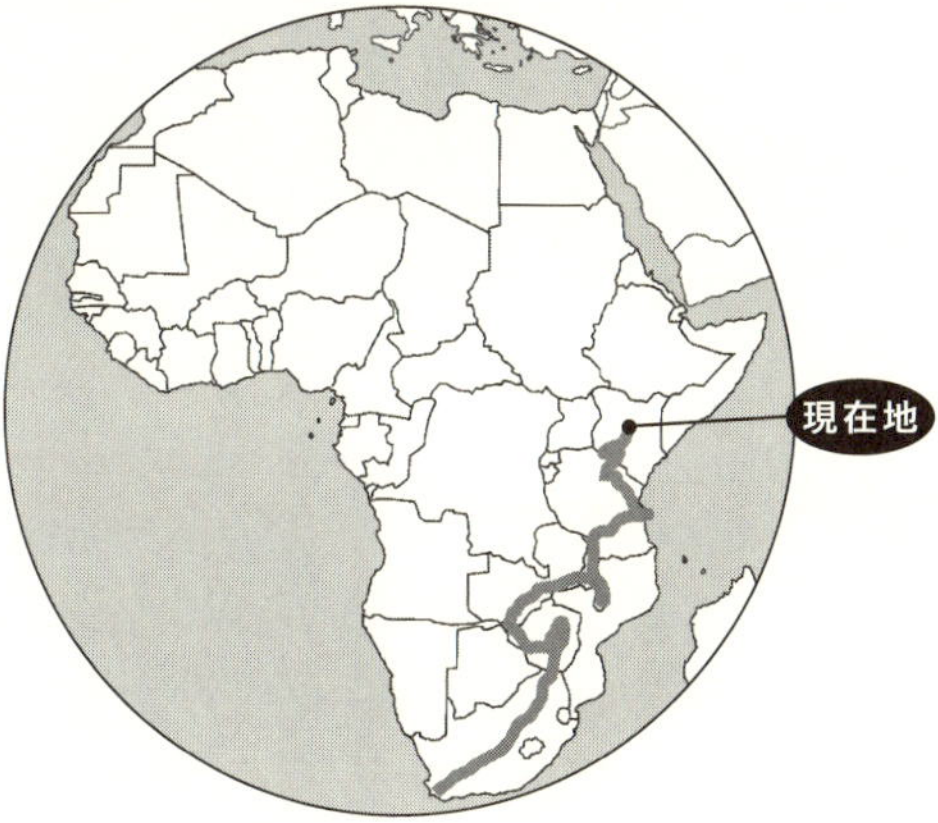

朝の5時起床。この現代社会において誰も考えもつかない、いまだかつてない未知の起床時間である。これはおそらく世界中でセットされた**あらゆる目覚まし時計より**早く起きているのではないか。

まだ真っ暗な中、部屋の電気をつけ、パッキングをする。あ～あ……ねむい……こんな、世界で80億人くらいが眠っている時間に荷造りなんて……ふぁ～……ボリボリ　**ガリッ**

うがーっ!!!

しまった！　かさぶたを思いっきり掻いてしまった!!

そういえば、数日前から髪の大奥にやや大きめのかさぶたができていたんだ。何の傷か記憶にないのだが、躊躇せずにガリっとやってしまったため、かさぶたは完全に剝がれて床にカランカランと落ちた。**血が出るっ！　血が!!　痛いっ！　いやだ～～～っ（号泣）!!**

……おや？

おかしい。掻いたところをそっと触ってみても、血も出てないし痛くもない。いつものかさぶたらしくない、かさぶたにあるまじき状況ではないか。どうしたことだろう。もう完治寸前だったのだろうか？　でもこんな大きなかさぶたなのに……ほら、こんなに……

……おや？

なんか、今一瞬剝がれ落ちたかさぶたが**動いた**ような気がするのだが……。改めて床に転がったかさぶたもどきをよく観察する。

おかしいなあ。なんかかさぶたに**細かい足がたくさんついてるよ？　そしてゲジゲジと動いているよ？**

………。

きゃ――――――――――っ!!

虫っ！　かさぶたに変装した虫っ!!　おえ〜〜〜〜〜〜っ

こ、こいつ……数日前からずっとオレの**頭の血を吸ってやがったな？**　なんてことだ……。かさぶたのふりをして**優秀な人間を選んで**頭皮に張り付き、その高潔な血をエキスに生きるとは、なんてしたたかな虫なんだ……。

ああ、後から思えば、誰からも好かれる社交的で活動的な好青年だったオレが、**こいつに血を吸われ出した時を境に**内向的な変態に変わっていったような気がする。そう、オレがグラビアアイドルしか愛せないのも、すぐに仕事を辞めてしまうのも**全てこいつに**

血を吸われたのが原因なんだよっ！　オレは悪くないっ！　全部この虫が悪いんだ!!

何日もの間、頭から血をチューチューチューチュー吸われていたオレ。これだけの時間だ、きっと**合計10ℓ**は吸われていることだろう。最近は血や肉をつくる小魚や牛乳、良質のたんぱく質をあまりとっていないので、**日本から無駄遣いせずこつこつと溜めていた貴重な血**である。なんてもったいない……くそ〜、いっそのこと**吸い返してやりたい気分だ。**

まあしかし、**「一寸の虫にも五分の魂」**というわが母国の美しい諺もある。いつまでも吸われた血を惜しがっていても仕方ないし、あの虫は虫で一生懸命生きているわけである。ということで荷物をまとめたオレは、とりあえず虫に**死刑を執行し**、宿を出てトラックのいる広場へ向かった。……こんな残虐な性格になってしまったのも**虫に血を抜かれたせいである。オレのせいではない。**

「グッドモーニング！　ようジャパニーズ!!　オレだよ。リアルファイターだよ！」

「おおっ、カレホヤン、まだ働いてたのか……。大変だなあ」

「名前は相変わらず言えてないが、まあいい、エチオピアに行くんだろう？　ほら、あそこのトラックだ。ドライバーに交渉してみろよ」

「ありがとうホレルヤン。あんたのことは一生忘れないぜ。またな！」

「おう！　元気でな！」

この日はたまたま北へ向かうローリー（トラック）は1台だけだった。運転手と料金交渉をし、側面のはしごを上がって荷台の屋根によじ登る。背中にバックパックという**20kg分の重り**がついているので、いつにないGを感じる。登りきるには相当な力が必要だ。……亀の甲羅を背負って修行した**悟空とクリリンが強くなるわけだ**。

ちなみに荷台には屋根というより、下の写真を見てもらえばわかるように**ジャングルジム**のような鉄の骨組みだけがついている状態だ。その下の荷台自体にはエチオピアへ運ぶ物資が載っているわけで、人間の入る余地はない。人より**積み荷優先**である。この鉄棒に腰掛けて、ケニアー

エチオピア間のアフリカ真っ只中の悪路を、振り落とされないようにしがみつきながら**丸2日間**移動するわけだ。

……結論から言わせてもらうと、**そんなことは無理だ（涙）**。

オレはたしかに昔は彫刻のような美しい筋肉美をしており、友人からは**「ヘラクレスくん」**や**「コナン・ザ・グレートくん」**と呼ばれていたが、部屋でインターネットばかりやっていたら体がどんどんしぼみ、ヨボヨボになってしまった今のあだ名は**「よぼクレスくん」**である。よぼクレスくんがこんなハードな移動に耐えられるはずがない。**絶対途中で力尽きる。**間違いない。スーパーひとしくんを賭けてもいい。

ブオオオオン!!

ぬお〜っ！　いきなり走り出したっ!!　もうスタートか！

まだ太陽のたの字、いや、海外なので**SUNのSの字も出ない**暗闇の中、地上５ｍのローリーの屋根に乗り国境を目指す。

……しかし後に迫る苦痛が十分わかっていながらも、この妙なウキウキ感はなんだろう？　言うなれば、この2日間は陸上版のジャングルクルーズ（しかも本物）。ある意味、こんな経験ができている自分は今この瞬間とても幸せな立場にいるのではないか？　尻が痛くなる前、走り出してほんの20分ほどは、尻のことなど忘れそんな感慨に浸っていたのだった。

地平線から太陽が頭頂部を見せたのは、走り始めて1時間くらい経った頃であった。まだ朝の6時だというのに、**既にギブアップ寸前のこの尻の痛さよ。**人間にとって必要なのは、愛でも恋でもない。まして金などでもない。**ただふかふかのソファーである（涙）。**せめて座蒲団をっ！　座蒲団をくれっ!!　**なんかうまいこと言うから！　山田くんオレに座蒲団を!!**

尻が〜〜。尻が〜〜〜〜。誰か尻を助けてあげて〜〜〜〜。。。

「オイ危ないぞ!!　よけろっ！」

「なに？　な、なにすんだっ!!　ちょ、ちょっと！　もう、やめて〜（横山弁護士風）」

なんだよっ！　何をするんだっ！

突然オレの横に座っていたおっさんが、「危ないぞ！」と言いながらオレの頭をぐいぐいと力いっぱい押さえてきた。ぼ、暴力はやめてくださいっ！　**PTSDになったと言って刑事告訴しますよっ!!**

「よーし、もういいぞ」

「はぁ……はぁ……な、なんですか一体……」

「おおっと！　まただ!!」

「やめて〜!」

再びオヤジに頭を押さえ付けられながら、ふと視線を上げたオレの頭上を通過していったのは、有刺鉄線のようななんともおぞましい先端を持つ**トゲトゲの木**であった。恐ろしいことに、この棘《とげ》の木が道なりに数十mおきに生えており、しかもその枝が丁度トラックの屋根のオレたち**積み荷客を直撃する位置**にあるのだ。

そう、オヤジは別にオレが憎くて、オレの青白いスベスベの肌に嫉妬して暴力を振るっていたわけではなかったのだ。逆にオレがトゲのある人間にならないようにと、**トゲ地獄からオレをかばってくれていたのである。**ああ、オレはオヤジを誤解していたようだ……。申し訳ない。オヤジの心子知らずとはよく言ったものだ。

そういえば、アフリカにはトゲとか串のようなものを舌や頬に突き刺している原住民がいるが、おそらく彼らはこのトラックでの移動中によそ見をしていて、トゲの襲来を**避けきれなかったのだろう。**

抜けばいいのに……。

尻の痛みと戦い、気功を使って尻を鋼のように硬くしようと何度も念を送ってみたがしかし尻は常にマシュマロのように柔らかく、尻の限界(シリリミット)に挑戦しながら数時間が過ぎると、360度パノラマの辺境の景色になってきた。

昨日ホレルヤンから聞いた話によると、この辺りは**ゲリラや武装強盗団**の発生地域だそうである。まあ正直なところオレはゲリラといわれても、**「それってシュワルツェネッガーかスタローンの新しい映画のタイトル？」**くらいの知識レベルなのだが、**なんとなく悪そうなイメージ**はある。漢字に直すと下痢等《ゲリラ》だが、決して**腹痛で苦しんでいる人たち**なわけではない。

実はオレの隣に1人、ケニア政府から派遣されたアーミー（兵士）が乗っている。有事の際は彼が悪い奴と戦ってくれるそうなのだが、ただ1つ心配な点がある。このローリーは普段は何台も連なって、集団で移動するらしいのだ。**徒党を組み**、さらにそれぞれのローリーにアーミーが乗ることにより安全性を高めるのである。

しかしどうだろう。今日はこのように、**ローリーは1台、兵士も1台分**しか乗っていない。明らかに足りないではないか。これでは徒党を組めないっぽいんだが、集団のゲリラが来たらどうするんだろうか？　もしかして、**金持ちの外国人旅行者を差し出して許してもらう気ではなかろうな……**。オレがすんなりこのトラックに乗せてもらえたのは、**そういう役割か？**

その噂のアーミーは、基本的にはリラックスして乗客と楽しげに話をしているのだが、スタートして相当な時間が経ったころ、突然**手に持ったライフルにマガジンを装塡し銃身のところを「ガチャッ」とやり**、真剣に前方に視線を向け出した。

……一体何が始まるんだろう（号泣）。

これは怖い。危険地帯を走行中に一緒に乗っている軍人が**戦闘準備に入る**ことほど怖いことが他にあろうか？　飛行機に乗っていたら突然機内放送で**「お客様の中で、爆弾の解体に詳しい方はいらっしゃいませんか？」**と流れるくらいの恐怖である。

「あ、あの……軍人さん、どうかしたんですか⁇」

「この地域はちょっとデンジャラスなんだ。よぼクレスくんも、怪しいやつを見つけたらすぐ教えてくれよ！」

「ははは……はははっははっははは……」

「まあ心配するなって！　オレは今まで標的を外したことは一度もないんだぜ‼」

「そ、そうですか……」

この兵士が「今まで一度も標的を外したことがないんだぜ！　だって、**一度も撃ったことないもん**」と、**吉本新喜劇風のオチ**をつけようとしているのではないことを願いつつ、念のためオレも怪しい奴がいないかどうか探してみることにした。結婚2年目の旦那が、1．最近急に出張が増えた　2．帰宅するとすぐシャワーを浴びるようになった　3．家ではペットを飼っていないのに服に動物の毛がついている　などの項目に当てはまったら、これはもう怪しいと思っていい。

結局のところは、幸いゲリラも出ず下痢にもならず、そもそも**生命体の姿を見かけることがなく**、その日はただ尻が痛いだけで過ぎていった。そう、尻が痛い痛いと**ケニアの大地に切ない泣き声を響かせながら**、トラックの荷台で**11時間が**。もはやオレの尻は限界の壁を打ち破り、新たなステージへと進化を遂げていた。

夕刻を告げる頃遂に遠くに集落が見え、そのマルサビットなる村にオレたちは激痛と疲労で生ける屍となって到着した。

……いや、屍となっているのはオレだけで、他の乗客はごく普通に散り散りに宿を求めて去って行くのであった。あ、あんたらの尻は**超合金で**できているのか？　**尻マスターか？　尻解脱者か？　尻チャンピオンシップか？**

あまりの放心状態で**尻を自分でソフトになでる以外の行動が取れず**身動きのできないオレは、ただ寄ってくる宿の客引きの言いなりに、**泥酔したテニスサークルの新入生のように**強引に近くのホテルに連れ込まれるのであった。

翌朝しぶしぶ起きだしたオレは、昨日と同じくまだ真っ暗な中を、荷物をまとめてトラックの集まる広場へ向かった。１晩寝ただけでは到底尻の痛みは引かず、昨晩は**イチローの振り子打法で尻を殴打され、年間尻安打記録の更新に貢献する夢を見た。**

えーい！　今日一日耐えればエチオピアだ!!　この尻、**砕けるもんなら砕いてみやがれ！　かわいい子供たちを救うためなら尻の1つや2つくらい喜んでくれてやらあ!!**

再び動くジャングルジムに乗ってマルサビットの村を出ると、一瞬の後に人工の物体は視界から消滅した。一体どうなってるんだ。つい３分前まで村だったじゃないか。まさに**中間試験の結果発表直後の「期末試験は絶対勉強するぞ……」というやる気くらいの瞬間的な消え方**である。

強いて言えば、人工というと遥か上空に浮かぶ**人工衛星くらい**であろう、ただただ目前に続くのはサバンナの景色であった。

ズドーン!!

「おおおっ、、ちょお……そおはっ……」

……パンクしました。

今のショックで**尻も大ダメージです。痛みが尻から頭まで全身貫きました。**あまりの衝撃で口を開いたまま声が出ません。手は意味もなくワナワナと空を掴み、これで全身を白く塗れば**暗黒舞踏団の白虎社**です。

すぐさま乗員がするすると降りて行き、5人くらい集まってタイヤを修理し始めた。中には**12歳**でこのローリーの乗員として働いているアブドゥがいる（251ページの写真で中央にいる少年）。全くなんてことだ。こんな子供でも普通に仕事をせにゃならんのかこの国は。日本で12歳で働いていたやつなんて、**せいぜい安達祐実やえなりかずきくらいなもんだ。**きっと安達家やえなり家も**幼子を働きに出さざるを得ないくらい家計が苦しかったのだろう。**

とはいえ頼もしいことだ。これがアブドゥではなく12歳のオレだったら、**「パンクとかどうでもいいから早く帰ってペコちゃんと遊びたい」**（ペコちゃん＝当時毎晩一緒に寝ていた友達代わりのクマのぬいぐるみ）と思いながら、ただ潰れたタイヤを見つめていたことだろう。

30分ほどで修理は完了し、再び赤道直下のサバンナをジリジリと焼かれながら走る。驚くのは、人工の建造物が何も存在しないにもかかわらず時々**部族の人たち**がいるということだ。一体この人たちはどこから来てどこへ帰って行くんだ？

これだけ**全方向地平線まで何もない場所**に住めるその生命力がすごい。彼らはきっと**木星あたりなら平気で住めてしまうのではないだろうか。**いや、もしかしてこれは旅の臨場感を出すために造られている**CGか？**

このあたりの部族はサンブル族というらしい。歩いている女性の隊列がいたので、すれ違いざま写真撮影を試みる。

「キャ〜ッ！」

なぜかよくわからんが、カメラを向けられていることに気づいた部族の彼女たちは、**一斉に逃げ隠れしだした。**

…………。

うわっははは！　女ども、せいぜい逃げ回るがいいわ〜！　さあ逃げろ逃げろ〜！　逃げないとつかまえちゃうぞ〜！

……しまった。ケニアにいるのについ反射的に**悪代官ごっこ**をしてしまった。オレはどちらかというと悪くない代官なのに。

なんで彼女たちカメラを見ただけで逃げて行ったんだろう。こんなもの怖くもなんともないだろうに。いや、もしかしたらカメラじゃなくて、他の物か？　と思い慌てて自分の股間を見てみたが、**間違いなくズボンは穿いている。よかった。**

でもほんとにシャイなんだからサンブル族の女の子たち……。これじゃあ合コンに誘ってもあんまりノリが良くないだろうな。レモンサワー飲みながら**焼き畑農業の話**とかしちゃって。しかも引き止める男性陣を無視して**「あんまり遅くなるとアフリカニシキヘビに呑まれるから」と、とっと帰りそうである。**

昼時になると、ローリーはサバンナに突然登場したサービスエリアのような、部族の集まる休憩所に滑り込んだ。

下の写真は休憩所の風景だ。日本のサービスエリアとは**やや異なる眺めである。**っていうか帰国させてくれ。※左端にいるヤギはヤギ料理のオーダー待ち

この後まだひたすら続く屋根上移動生活に向けて、この休憩所の食堂でたんまり食って体力をつけておかねばならない。ここで出しているのは「カロンガ」というもので、ケニア北部でなぜかよく見るアフリカ版肉じゃがと言えるうれしいメニューである。

オレはカロンガとごはんが混ざっているカロンガライスを頼み、勢いよく食べ始めた。出発時間が不明なため急がねばならない。もしもトラックの出発に気づかずにここに置いて行かれたら、オレは今日から**違う人生**を歩むことになる。

……ジャリジャリ。

……ジャリジャリジャリ。

く～っ！　**砂利ごはんです（号泣）**。屋外で調理しているためか、土や砂利が遠慮なく料理に混ざってしまっている。卵や納豆をかけるごはんはよく食べるが、**砂利かけごはん**にはあまり慣れていない。本当は怒り心頭で店長かリーダーにクレームをつけたいところだが、ケニアだけに「ちょっと！　ごはんに砂利が入ってるよ！」と訴えても、「おー、**よくわかったな！**」と、むしろ**食材を見極めたことに感心されそうである**。

くそ……どこをどう食っても必ず砂利が混入している。しかし朝飯も食べてないし、このまま何も食わずに今日を乗り越えるのは厳しい。**ええい、砂利ごと食うぞ！**

ジャリジャリジャリジャリ……。**ああなんて歯ごたえのある食事（涙）。**この食堂の裏手には砂かけババアでも住んでるんだろうか。なんとも砂を噛むような思いである。

ブーッ！　ブーブーブー（クラクションの音）！

おおっ！　もう出発だ！　ちょっと待ってくれ〜!!

ダッシュでローリーに戻り側面についているハシゴを登ると、**まだオレが登っている途中でスタートし時速60㎞まで加速。**あのなあ、同じ東洋人だからといって**ジャッキー・チェン扱いはやめてくれないか？**　ジャッキー・チェンはこういう場面でも落ちないが、**オレは簡単に落ちる。**

しかし幸いにも、身動きが取れなくなり側面にただぶら下がって耐えるだけだったオレを発見した乗客の何人かが、なんとかオレを屋根まで引っ張りあげてくれた。

……殺す気かよ（号泣）!!

このトラックの運転手は積み荷が落ちたら絶対拾いに戻るだろうが、おそらく乗客が落ちても、

ドサッ!!

「あっ！　今なんか荷物落ちたんじゃねーかオイ！」

「待て待て……あ、積み荷じゃなくて、落ちたのは屋根に乗ってた日本人だ！」

「な〜んだ、**そっちか。よかった〜**」

と、**そのまま気にせず走り続けるだろう。**

その日も尻を砕きながら荒野を走り続け、丸2日、合計**22時間**の荷台移動を経て、ついに目的の町モヤレが視界に入ってきた。長い苦しみの時を共有した**積み荷仲間**……いや乗客たちともここでお別れであるが、とにかく我々は**1人の欠品も出さずに配送先に無事届けられたのである。**

こうして危険地帯ケニアを抜け、いよいよ心安らぐ旅を送ることができると安堵していたオレだったが、アフリカの狂気がその真の姿を見せるのはまだまだこれからなのであった……。

この作品は二〇〇七年九月小社より刊行された『中国初恋』を文庫化にあたり再構成したものです。

幻冬舎文庫

●最新刊
いちばん危険なトイレといちばんの星空
世界9万5000km自転車ひとり旅II
石田ゆうすけ

世界一周旅行で見つけた「美人の多い国」「こわい場所」「メシがうまい国・まずい国」など、独断で選んだ〝マイ世界一〟の数々。抱腹絶倒の失敗談や出会いのエピソード満載の痛快旅エッセイ。

●最新刊
パリでメシを食う。
川内有緒

三つ星レストランの厨房で働く料理人、オペラ座に漫画喫茶を開いた若夫婦、パリコレで活躍するスタイリスト。その他アーティスト、花屋、国連職員……パリに住み着いた日本人10人の軌跡。

●最新刊
キューバでアミーゴ!
たかのてるこ

キューバへと旅立った旅人OL。いつでも笑い、どこでも踊る底抜けに明るいパワーに浮かされて、てるこの興奮も最高潮。「アミーゴ、愛してるよ!」。いざ、ディープなラテンワールドへ!!

●最新刊
世界よ踊れ
歌って蹴って! 28ヶ国珍遊日記
アジア・中東・欧州・南米篇
ナオト・インティライミ

世界の音楽に触れ、人間的にパワーアップするため世界一周の旅に出たナオト。行く先々で草サッカーに無理矢理混ざり、路上ライブを勝手に開催。情熱と行動力で異国にとけ込む、一人旅の記録。

●最新刊
東南アジア四次元日記
宮田珠己

会社を辞め、東南アジアへ。セメント像が並ぶ庭、顔だらけの遺跡、仏像の迷路、ミニチュア人形が載った盆栽など、奇奇怪怪なものが次々現れる。脱力の旅なのに危険も多発する爆笑エッセイ。

幻冬舎文庫

●好評既刊
ランナー
あさのあつこ

家庭の事情から、陸上部を退部しようとした碧李。だがそれは自分への言い訳でしかなかった。碧李は、再びスタートラインを目指そうとするが——。少年の焦燥と躍動を描いた青春小説の新たな傑作。

●好評既刊
オンリー・イエスタディ
石原慎太郎

年若くして世に出た著者が邂逅した数多の才人。その卓抜した情念と感性にこそ、人間の真の魅力は潜んでいる。初めて明かされるエピソードとともに綴る画期的人生論。鮮烈の全十八章!

●好評既刊
交渉人・爆弾魔
五十嵐貴久

都内各所で爆弾事件が発生。交渉人・遠野麻衣子はメールのみの交渉で真犯人を突き止め、東京のどこかに仕掛けられた爆弾を発見しなければならない——。手に汗握る、傑作警察小説。

●好評既刊
ペンギンと暮らす
小川　糸

夫の帰りを待ちながら作るメ鯵、身体と心がポカポカになる野菜のポタージュ……。ベストセラー小説『食堂かたつむり』の著者が綴る、美味しくて愛おしい毎日。日記エッセイ。

●好評既刊
スタートライン
始まりをめぐる19の物語
小川　糸　万城目　学　他

浮気に気づいた花嫁、別れ話をされた女、妻を置き旅に出た男……。何かが終わっても始まりは再びやってくる。恋の予感、家族の再生、再出発——。日常の〝始まり〟を掬った希望に溢れる掌編集。

幻冬舎文庫

●好評既刊
瞬
河原れん

泉美は同乗していたバイク事故で恋人の淳一を亡くし、そのショックで最期の記憶を失ってしまう。悲しみを抱えながら生きる泉美は、弁護士の真希子の手を借りて、記憶を取り戻そうとするが……。

●好評既刊
ビット・トレーダー
樹林 伸

電車事故で最愛の息子を失った男。慰謝料を株に突っ込み大当たりした日から人生は激変した。増え続ける金、愛人との生活、妻や娘との不和。家族の絆を取り戻すため、男は人生の大勝負に挑む！

●好評既刊
僕のとてもわがままな奥さん
銀色夏生

僕の毎日は、ちょっと地獄なのです。――とてもきれいだけど、とてもわがままな妻との、不幸せなような幸せなような日々を綴る、笑えてほんのり温かくなる、書き下ろし長篇小説。

●好評既刊
階段途中のビッグ・ノイズ
越谷オサム

廃部の危機に立たされた軽音楽部の神山啓人は、仲間といっしょに文化祭のステージでの「一発ドカン」を目指して奔走するが……。爽快、痛快、ときどきニヤリ。ラストは涙の傑作青春小説！

●好評既刊
「愛」という言葉を口にできなかった二人のために
沢木耕太郎

『ブロークバック・マウンテン』『フィールド・オブ・ドリームス』『プリティ・ウーマン』……。スクリーンに映し出される一瞬の歓喜と哀切を鮮やかな手腕で浮き彫りにする珠玉の三十二編。

幻冬舎文庫

●好評既刊
最も遠い銀河〈1〉冬
白川 道

気鋭の建築家・桐生晴之の野望と復讐心。癌に体を蝕まれた小樽署の元刑事・渡誠一郎の執念。出会うはずのない二人が追う者と追われる者になった時、それぞれの宿命が彼らを飲み込んでいく。

●好評既刊
最も遠い銀河〈2〉春
白川 道

渡誠一郎は悔いていた。八年前に小樽の海に遺棄された女性の身元を割り出せなかったことを。消えない執念は、僅かな手がかりから再燃する。そして、名すらわからぬ一人の男を追い詰めていく。

●好評既刊
最も遠い銀河〈3〉夏
白川 道

晴之は大きなチャンスを前にしていた。金と欲と思惑が渦巻く超巨大企業「サンライズ実業」の中枢に食い込み、ホテル設計の仕事を得ようとするが、一つの事件が運命を大きく狂わせる……。

●好評既刊
最も遠い銀河〈4〉秋
白川 道

日陰に生まれ落ちた人々の哀しみを背負い、成功を目指す晴之。そして、追い詰めていく誠一郎。二人が対峙した時、待つのは希望か、絶望か。人が人として生きる意味を問う感動巨編、完結！

●好評既刊
雅楽戦隊ホワイトストーンズ
鈴井貴之

世界の平和は守れない。だけど自分の家族と白石区だけは守る！ 見えない謎の組織を相手に結集する男達。武器は〝雅楽〟だけ。「水曜どうでしょう」の鬼才による渾身のエンターテインメント!!

幻冬舎文庫

●好評既刊
神はテーブルクロス
須藤元気

「難しいと考えた瞬間、それは本当に難しくなる」「悩みは悩みに対する悩みでしかない」。言い知れぬ不安に襲われたとき、読めば心が楽になる。進化を遂げた須藤元気からのメッセージ！

●好評既刊
陽の子雨の子
豊島ミホ

私立男子中学二年の夕陽が出会った二十四歳の雪枝。彼女の家には四年前に拾われた十九歳の聡がいた。二人の不可思議な関係に夕陽が入ることで、微妙なバランスが崩れ、聡は家を出て行くが……。

●好評既刊
因果鉄道の旅
根本　敬

人間のあらゆる愚かさを冷徹な観察眼で濃厚に描き、笑ってはならぬと思いながらも禁じ得ない究極のエンタテインメント。「中年愛への原体験」「内田研究とビッグバン」他、珠玉の人間紀行。

●好評既刊
日と米
爆笑問題の日本史原論
爆笑問題

「ペリー来航」からはじまる日本の近代史は常にアメリカとともにあった。日本に大きな影響を与えているその歴史のすべてを、爆笑問題が大笑いさせつつ解読。あなたはアメリカを許せますか⁉

●好評既刊
鹿男あをによし
万城目　学

「さあ、神無月だ――出番だよ、先生」。ちょっぴり神経質な二十八歳の「おれ」が、喋る鹿（⁉）に命じられた謎の指令とは？　古都・奈良を舞台に展開する前代未聞の救国ストーリー！

幻冬舎文庫

●好評既刊

大人恋　恋におちた妻たち

真野朋子

ネット上の限定恋愛コミュニティ「マダムBの部屋」では、五人の女性が自分の不倫について告白しあっている。「夫がいても恋したい」そんな妻たちの赤裸々な言葉が刺激的な連作長篇。

●好評既刊

ベイジン(上)(下)

真山　仁

巨大原発「紅陽核電」では、日本人技術顧問の田嶋が共産党幹部・鄧に拘束されていた。鄧は北京五輪開会式に強行送電。眩い光は灯ったが……。希望を力強く描く、傑作エンターテインメント！

●好評既刊

すぐそこにある希望

すべての男は消耗品である。Vol.9

村上　龍

社会における想像力の欠如、文学における「微妙な差異」、ヒューマニズムの矛盾。日々の体験が、村上龍の思考を刺激する。規範ではなく戦略としての「生き方」を見つめ直す24章！

●好評既刊

ジバク

山田宗樹

美人妻と高収入の勝ち組人生を送るファンドマネージャー麻生貴志、42歳。だが、虚栄心を満たすための行為によって、彼は残酷なまでに転落していく——。『嫌われ松子の一生』の男性版。

●好評既刊

ニューヨーク地下共和国(上)(下)

梁石日《ヤン・ソギル》

「君に知らせたいことがある。九月十一日は絶対外出しないように」。ゼムはある日、一本の不可解な電話を受けた。9・11にNYで遭遇した著者が真の正義と人間の尊厳を描き切った傑作長編！

アフリカなんて二度《にど》と行《い》くか！ ボケ!!

……でも、愛《あい》してる（涙）。

さくら剛《つよし》

平成22年7月10日　初版発行
平成23年6月30日　4版発行

発行人――石原正康
編集人――永島賞二
発行所――株式会社幻冬舎
〒151-0051東京都渋谷区千駄ヶ谷4-9-7
電話　03(5411)6222(営業)
　　　03(5411)6211(編集)
振替00120-8-767643
印刷・製本―図書印刷株式会社
装丁者――高橋雅之

幻冬舎文庫

ISBN978-4-344-41504-1　C0195　さ-29-1